跨越中产，标本兼治

如何避免家庭陷入财务危机？

学会控制金钱，而不是被金钱控制！

掌握跨越中产的核心技能，成就更辉煌的人生！

夫妻双方更加理解对方，共同守护幸福家园！

本书能带给你什么？

如果你是：

创业者——学会股权分配，将助你轻松融资！

贤内助——助你提升自我，相夫教子、家庭和谐！

中产 / 高管 / 金领——提升无形资产，助你身价倍增！

家族事务总管——助你轻松管理家庭资产，稳健增值！

如果你是长辈——掌握财富传承的秘诀，助力家族兴旺！

图书在版编目(CIP)数据

跨越中产 / 王强, 刘玲著. -- 重庆 : 重庆出版社, 2023.6
ISBN 978-7-229-17402-6

Ⅰ. ①跨… Ⅱ. ①王… ②刘… Ⅲ. ①金融管理—基本知识 Ⅳ. ① F830.2

中国版本图书馆 CIP 数据核字 (2022) 第 251761 号

跨越中产
KUAYUE ZHONGCHAN

王 强 刘 玲 著

责任编辑：燕智玲　袁婷婷
责任校对：何建云
装帧设计：杨家全

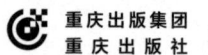
出版

重庆市南岸区南滨路 162 号 1 幢　邮政编码：400061　http://www.cqph.com
重庆三达广告印务装璜有限公司制版
重庆三达广告印务装璜有限公司印刷
重庆出版集团图书发行有限公司发行
E-mail：fxchu@cqph.com　邮购电话：023-61520646
全国新华书店经销

开本：889mm×1194mm　1/32　印张：7.25　字数：152 千
2023 年 6 月第 1 版　2023 年 6 月第 1 次印刷
ISBN 978-7-229-17402-6
定价：69.00 元

如有印装质量问题，请向作者协商调换：13908386866

版权所有　侵权必究

作者初心

【我是谁?】

各位读者朋友们大家好!

过去二十多年,我白手起家,从零开始,曾经创立"伊莎贝拉"洗衣连锁;投资混凝土搅拌站;投资创立"高山土猪养殖与销售";协助朋友管理一千多家连锁店铺;与夫人一起从事财富风险管理……几经商海沉浮、有低潮、有辉煌;有失败、有成功;各种艰辛、起起落落,期待与大家分享。

这里,我首先要感谢我的夫人刘玲女士,她从2005年开始,一直在金融/保险/证券行业从业,也是"全国(金融)五一劳动奖章""重庆市(金融)五一劳动奖章"的获得者……正因为她对资产的专业管理与配置,即使在我面临严重亏损时、投资失误时,我们的家庭资产也能稳步上升……

【为什么要写这本书?】

而今,我与夫人一起从事财富风险管理、保险规划、家族财富传承;这些年,通过我们对家庭财富风险进行系统的规划与管理,绝大多数朋友们的家庭关系越来越和谐、家庭资产也持续增加……但我发现,也有一部分朋友,曾经都是风光无限,现在,却面临着巨大的生活压力和经济压力……

要么,就是大公司的高管,以前年收入几十上百万,现在却面临失业或重新就业的问题。就个人而言,年龄大了,知识结构老化,竞争力低下,种种困境与压力,让这部分群体在市场经济环境中的位置很尴尬……

要么,就是私营企业主,以前员工几百上千人,资产都在千万、几千万甚至几个亿以上。而这些年,面临行业调整和多元化发展、扩大投资,风险防不胜防,结果要么是产业链亏损、三角债务、法院执行未果;要么就是行业整顿、监管环境严格、对赌失败、上市未果;更有甚者,下一代接班人掌握企业的能力较弱,直接面临传承风险……

要么,就是发展得非常好,前程似锦,但,由于家庭关系处理不好,以前恩爱的夫妻,而今感情破裂,面临离婚,资产清算,并且,相互揭老底,相互伤害对方,引发税务稽查,罚款坐牢,最后搞得妻离子散……

要么,就是风华正茂,财源滚滚,但,长期亚健康、积劳成疾,导致英年早逝,留下企业艰难维系生存。妻儿、双亲无人照顾,最后资产易主,人生一场,都是空……

看到这一个个活生生的案例,我和我夫人经常反思:

我们活着的目的和意义到底是什么?

人生的幸福到底是什么?

哪些因素在影响我们的财富增长?

如何做好家庭资产配置,才能让财富持续增值?

如何才能让我们跨越中产，持续增长为高净值家庭？

面对未来人生的各个阶段，还会有哪些财富风险，我们又应该如何应对？

面对未来百岁人生，几十年的深度老年社会，养老资源紧张，我们是否思考过，如何幸福养老？

面对高科技、前沿医疗技术的发展，未来都是百岁人生，面对四代同堂，我们今天又做了哪些准备？

【希望看完本书您能收获什么？】

根据我们的实践经验，要跨越中产、管理好家庭财富，绝对不是只关注事业、赚钱、投资理财这些核心的层面，而更应该关注家族成员的风险管理、资产配置、关系维护、夫妻感情、子女教育、家人身体健康、个人持续成长学习，着眼于未来的资产规划……

只有正视这些潜在的问题，我们才能未雨绸缪，提高自己的含金量，把握住机会，实现跨越中产。

我和夫人经过两年多的准备，总结、分析、提炼，以我们的实践经验及朋友们的案例，结合我国的实际情况，力求用通俗易懂的语言，突出主要逻辑和重点事实。期望在本书中，你能得到你想要的答案……

如果，你能与家人一起看这本书，并就书中的一些观点达成共识，再努力去实践，我相信你的家庭实现跨越中产陷阱，就是很容易的事情。

那么，接下来，让我们一起开启人生财富之旅吧……

目 录

作者初心 ·· 1

第一篇　重塑财富观

第一章　认识财富·· 003
第一节　你的状态·· 003
第二节　什么是中产·· 004
第三节　认识财富的源头·· 005
第四节　运筹帷幄：了解人生财富轨迹·· 006
第五节　跨越中产的三种方式·· 009

第二章　持续增加本金·· 010
第一节　有形资产·· 010
第二节　无形资产·· 014
第三节　创业与股权·· 028
第四节　增加和谐资产·· 039
第五节　重视信用·· 046
第六节　"强制储蓄"的重要性·· 048

第三章　节流、严控开支·· 052
第一节　节约的认知·· 052
第二节　支出的分类·· 057

第四章　控制风险　增加财富·· 061
第一节　失业风险·· 061

第二节　健康风险 ·· 064

第三节　教育风险 ·· 066

第四节　婚姻风险 ·· 072

第五节　养老风险 ·· 076

第六节　继承风险 ·· 081

第七节　代持风险 ·· 082

第八节　诉讼风险 ·· 083

第九节　税收风险 ·· 084

第十节　信用风险 ·· 086

第十一节　朋友圈风险 ·· 086

第十二节　银行卡外借风险 ·· 088

第十三节　一夜暴富的风险 ·· 089

第十四节　风险管理的支出＝投资 ···································· 090

第五章　正确配置家庭资产 ·· 092

第一节　家庭资产应该如何配置 ·· 092

第二节　高风险、高收益 ·· 099

第三节　中风险、中等收益 ·· 103

第四节　低风险、高收益 ·· 110

第五节　低风险、中收益 ·· 113

第六节　低风险、低收益 ·· 120

第七节　投资理财汇总 ·· 128

第八节　金融不可能三角：流动性、安全性、收益性 ····· 129

第九节　投资持续增加＝本金×时间×复利 ···················· 131

第十节　通货膨胀与通货紧缩 ·· 133

第十一节　投资杠杆 ·· 136

第十二节　如何降低投资风险 ·· 138

第十三节　投资、创造财富路上的注意事项 ………… 139

第二篇　人生各阶段重点关注与应对措施

第六章　成长期（夯实基础） ………………………… 145
第一节　现状分析及重要性概述 …………………… 145
第二节　尝试了解更多的职业，找到自己定位 …… 146
第三节　逐步建立自己的三观 ……………………… 148
第四节　逐步建立自己的事业观 …………………… 151
第五节　正确的恋爱观 ……………………………… 153
第六节　为养育孩子做准备 ………………………… 155
第七节　"朋友圈"定期清理 ……………………… 157

第七章　加速创富期 …………………………………… 159
第一节　现状分析及重要性概述 …………………… 159
第二节　陪伴孩子的重要性 ………………………… 159
第三节　对子女教育规划 …………………………… 165
第四节　教育资金的准备 …………………………… 166
第五节　照顾孩子与事业的平衡 …………………… 166
第六节　健康与财富，如何平衡 …………………… 170
第七节　事业与家庭，如何平衡 …………………… 171
第八节　对家庭的爱与责任是什么 ………………… 173
第九节　对自己及父母的养老规划 ………………… 176
第十节　平衡现在的消费观与未来的规划 ………… 176
第十一节　评估家庭持续赚钱的能力 ……………… 177
第十二节　懂得放下与清空头脑 …………………… 179

第八章 守富期 ··· 181
- 第一节 对孩子职业的思考 ··· 181
- 第二节 对孩子择偶的引导 ··· 182
- 第三节 严防婚姻风险 ··· 183
- 第四节 深刻认知65岁后,我拿什么养活自己 ··· 184
- 第五节 财富传承 ··· 194

第九章 家族文化传承期 ··· 202
- 第一节 畅游世界与助力家族兴旺 ··· 202
- 第二节 协助子女,陪伴教育孙辈 ··· 203
- 第三节 精神传承【家训、家风、家规】 ··· 205
- 第四节 对体检的认知 ··· 206
- 第五节 对养老的思考 ··· 207

第十章 中、晚期养老规划 ··· 215
- 第一节 建议入住高品质的养老社区 ··· 215
- 第二节 优质养老资源的提前锁定 ··· 218
- 第三节 持续的资金准备 ··· 219
- 第四节 美好一生 ··· 220

结束语 ··· 221

第一篇
重塑财富观

第一章　认识财富

第一节　你的状态

亲爱的朋友，在开始读这本书之前，我还需要再次温馨地提示你一下，本书很多观点都不是理论，全部是我们夫妇二人这二十多年的人生经历和众多客户的真实案例，俗话说"实践是检验真理的唯一标准"，便是如此了。

当读到某些内容时，可能你并没有经历过此事，不太理解书中的内容，也请你不要带有抵触情绪，或者固有思维，因为这样，你已经用你的思维先入为主，是很难听得进去意见的……

而我们写这本书，是分析众多客户的亲身经历，总结得失，由此提炼而成，并站在未来10年、20年、30年、40年的角度分析问题。所以，角度不同，角色不同，大家难免有不同意见，希望我们秉承求同存异的原则，助你实现美好的财富人生！

如果，你觉得我们讲的有道理，希望你也能同家人一起实践，因为自身不改变，任何事都不会有所改变。

相信，跨越时空，未来10年、20年、30年、40年以后的你，一定会感谢现在的你！

第二节　什么是中产

中产，大多从事脑力劳动，一般受过良好教育，具有某一领域专业知识和较强的职业能力，及相应的家庭消费能力；有一定的闲暇，追求生活质量，对其劳动、工作对象一般也拥有一定的管理权和支配权。同时，他们大多具有良好的公民、公德意识及相应修养。换言之，从经济地位、政治地位和社会文化地位上看，他们均居于现阶段社会的中间偏上水平。

中产，或社会的中等财富（包括物质财富和精神财富），是指人们低层次的"生理需求和安全需求"得到满足，且中等层次的"感情需求和尊重需求"也得到了较好满足，但不到追求高层次的"自我实现需求"的人。由于大部分人的财富是以家庭为单位所拥有，所以中产也称"中产家庭"。

中产家庭，每一个时期，对中产家庭的判断标准都不同，现在通常指每年有几十万、上百万的家庭年收入，且保持持续稳定；有房、有车，当下生活无忧无虑的群体。

本书所探讨的主要内容是如何跨越中产，成为高净值家庭，如果你想了解如何成为中产家庭，由于篇幅有限，无法展开指导你，但是，如果你能与家人一起阅读本书，并付诸实践，我相信，书里的内容也能够加速让你成为中产。

第三节 认识财富的源头

请问什么是你的财富？

你拥有的企业、豪宅、豪车、厂房、银行的存款……这些都不一定是你的财富，只是老天爷暂时交给我们保管，未知风险一来，它们瞬间就可能消失。

看完本书，你就明白财富的源头到底是什么。

财富的源头就是你自己，是人；

有钱和值钱，是两个完全不同的概念。

我们看得见的房子、车子、票子都是有形的，是表面看得见的东西，是有形财富；

而影响我们更多的是无形资产，比如：思维方式、健康、学习力、理财的思维、风险意识、和谐的家庭、亲子感情、夫妻感情等方面，这些无形的资产更能让我们越来越值钱。如果你本身有价值，财富自然就流向你。本书将重点探讨，如何让你变得更加值钱！

健康：是家庭成员首要关注的核心，尤其是家庭经济支柱。首先，要关注健康涉及的风险，本书中多次谈及健康、运动、营养学、熬夜的危害，一定要认真看。

财富风险管理：是中产家庭尤其要预防的重点，比创造财富还要重要。财富风险管理，在很多学者、理财大师的著作中都没有提及，但是，以我过往二十多年的经验告诉你，从现在开始，你要开始高度关注风险管理，没有做家庭财富风险管控，家中便犹如存在一个无形的黑洞，一旦发生风险，随时可能吞噬掉家中的财富。请你与配偶一起研读第四章控制风险章节，保持你们的思维同步，只有这样，才能让家庭财富持续保值增值。

正确配置家庭资产是帮助中产家庭实现资产性收入的途径，俗称"睡后收入"，就是睡一觉，第二天资产又增加了的收入，如果要实现跨越中产，就要思考如何配置资产，按什么先后顺序配置资产，这个过程有哪些坑，哪些资产适合你，这在第五章"正确配置家庭资产"的章节有详细介绍。

第四节　运筹帷幄：了解人生财富轨迹

我们从出生，到死亡，短短人生百年，始终有二条线伴随着我们，第一条是支出线，第二条是收入线。支出线，从出生到死亡，一直都存在；而收入线，从20多岁开始，到60多岁就消失了。

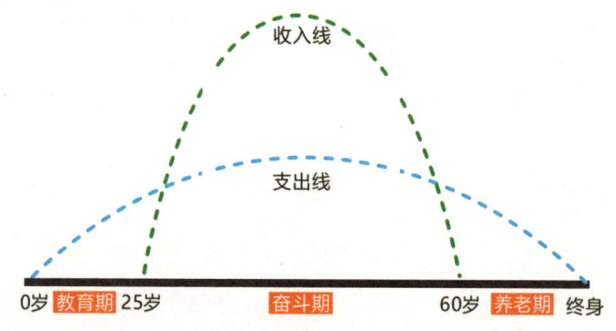

图1-1　草帽图（全生命周期，财富动态管理）

这期间，我们要经历三个阶段：

第一个阶段：0—25岁，这期间我们只消费，没有收入，只有支出，要靠父母养育；作为家长，我们要抚育这个时期的孩子们，我们要为他们提供充足的资金支持，付出很多时间和精力，还有情感的陪伴。

图 1-2　财富生命周期第一阶段

第二个阶段：25—60岁，这是我们的奋斗期，从二十多岁一直到六十多岁，这期间，我们开始有收入，也有支出，我们成家立业，我们养育子女、孝顺父母、是家庭的经济支柱，承担家庭责任。如果我们赚得多，花得少，资产就多；如果我们赚得少，花得多，负债就多；只有增加收入、控制支出，在25—60岁的阶段，才能存钱，生活也会更好。

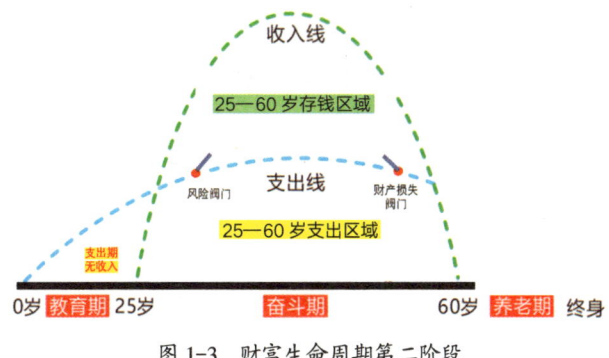

图 1-3　财富生命周期第二阶段

同时，管控好风险阀门、财产损失阀门（防止存款流向支出区域），控制好风险（管理好健康风险、意外风险、财产损失风险），才能实现资产结余。只有这样，才能在25—60岁存下钱来。因为接下来，我们就将进入养老期，收入也会向好的方向发展。

第三阶段：60岁以后，一旦进入养老期，随着年龄的增加，我们逐步丧失赚钱的能力，这个阶段，不但没有收入，而且，刚性支出就开始出现，比如：各种老年慢性病、康复理疗等费用支出、日常开支……并且要支出几十年，请问钱从哪里来？

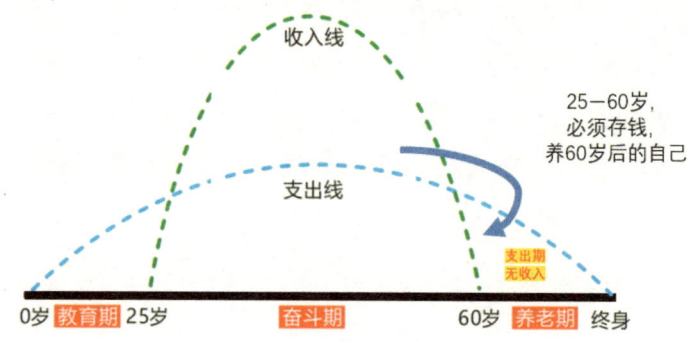

图1-4　财富生命周期第三阶段

所以，年轻的自己，必须为年老的自己强制储蓄，做好养老规划……

纵观一生，我们必须清晰地认识到，人生百年的财富轨迹，及在各年龄段面临的问题及相应的措施，提前规划，未雨绸缪，坦然面对人生，我在第二篇将展开讲述人生各阶段的财富管理。

我建议,第二篇,可以与配偶、父母、子女一起研读,因为,只有家庭成员们都清晰地认识到各自年龄段面临的问题与挑战,明白自己的责任与担当,大家才能达成共识,共同为家庭建设付出,相互体谅、关心。因为没有哪一个家庭的兴旺是一个人独立办到的,必须全家人一起努力!

第五节 跨越中产的三种方式

要跨越中产,成为高净值人士,净资产突破 3000 万元,具体怎么做?

第一个,也是最快的办法,选好平台,跟随优秀的企业家,努力工作,并成为团队核心成员、技术骨干,靠团队的力量,一起把公司做大、做强,有股份分红的、能上市的最好,这是最好、最快的途径之一。

第二个,就是完善人格,提升自己的综合能力,等天时、地利、人和都齐备的时候,自己创业,抓住机会,也能快速地实现资产积累,成为高净值家庭。

第三个,就是与家人共同努力,兢兢业业,努力工作,按照本书的每个章节的指引,管理好家庭关系、提升个人能力、控制好家庭的开支、用金融工具转移家庭未来可能面对的各种风险,把存下来的钱做好家庭资产配置,用 10 年、20 年、30 年的时间,慢慢积累财富,也能安稳地跨越中产,成为高净值家庭。

第二章 持续增加本金

跨越中产，首先就是要增加本金，即合法地增加收入。君子爱才取之有道，不可赚不义之财。否则，欠的账，早晚都会还回去，一旦失去自由，一切都是枉然。本章从增加有形资产、增加无形资产、和谐家庭的重要性、重视信用、强制储蓄的重要性五个方面概述了增加本金的方式及其重要性，希望给予你及家人以新的认知。

第一节 有形资产

有形资产是看得见的，立刻呈现出来的收入，分为以下几类：

一、高管工资性收入

中产中大部分群体属于社会的中流砥柱，也是单位的核心管理者之一，收入主要来源于工资、年终奖、其他奖励。每月工资收入可以作为稳定收入，计入持续投资支出，例如，可以用于计算按揭的房贷、车贷、保险金等投资支出。

年终奖和其他奖励等不稳定的收入，不能计入持续性投资支出，但可以累加到一定金额后，用于一次性投资支出。例如，购买大件物品，商业门面购入等方面。

增加工资性收入的建议：

第一，要对自己的职业规划、自己的岗位可否具有替代性做定期评估，同时，要有危机意识，越不能被替代，越具有稳定性。

第二，想办法要进入核心层，越靠近权力中心，掌权者越能够看见你的优秀。你越能为领导分忧，职业生涯就越前途光明，未来也越有保障，收入也就越来越高。

第三，情商要高，要平衡好各种人际关系，事缓则圆，外圆内方。先多听少说，再多沟通，保持信息畅通，多用利他思维，化解各类矛盾，树敌越少，越有利于职业生涯。

二、创业投资收入

创业投资是属于高收入、高风险投入，同时也是快速从中产转换为高净值人群的重要途径之一。但是，不是所有人都适合投资创业。

适合投资创业的人士，具有以下几个特征：

1. 对未来成功有强烈的愿望，对赚钱有强烈的愿望；

2. 勤奋，厌恶懒惰；身体好，能长时间连续性工作；

3. 严格自律，每天善于总结、反省自己的不足，并愿意改变自己的缺点；

4. 有责任心、敢于担当、有自我修复、自我疗伤的能力；

5. 积极乐观，心理抗压能力、承受能力强大，不畏一切艰难险阻，敢于亮剑、敢于冲锋；

6. 拥有持续学习，专研，永不放弃的精神。

以上六点，是创业者应具备的基本素质，如果具备这六点，创业成功的概率会更高。

创业建议：

1. 建议不要抵押房产、不要借高利贷创业，因为你上有老、下有小，一旦失败，将一夜回到解放前。

2. 如果你想当翘脚老板，只投资，不参与管理，也不能全身心投入到业务中，建议你谨慎投资，因为失败的概率会很大，除非是债转股投入，对方有资产抵押给你做兜底保证（当然如果有投出去的钱可能会亏光的想法，即使这样也不影响生活品质的人除外）。

3. 自己不能全程亲自参与的项目，但又确实看好这个项目，或看好这个创业者，建议你也不要大量投入资金，即使投入，占股比例不适合超过10%，极限不能超过20%。占股太高自己又不参与的项目，早晚会出问题（我很多朋友们已经帮你交过学费了），这个解释起来比较复杂。

4. 如果你以前是高级管理人员，从来没有创业的经验和感受，建议前期不要投入过大，先做一些小投资，同时自己全程参与，体验一下创业的生活，看看自己是否合适，这样即使失败了，也能承受失败的风险。因为自己当高管和自己当老板是完全不同的两个领域……

5. 切记，不要用过往成功的经验，来评估不同的行业创业，一定要保持高度的敬畏心，摸着石头过河，逐步试错，逐步增加投入。切不可贪大求快，切记，有时候快就是慢、慢就是快。

6. 如果创业亏本了，但你已经走上了创业的道路，请一定不要灰心，静下心来。创业就是修行，创业就是自我人格的完善。最好能找到一个好的创业导师，引领你，给予你全方位的帮助，我也建议你看一看博多·舍费尔所著的《财富自由之路》和由世界经营之圣稻盛和夫创立的"盛和塾"（中国各省均有盛和塾分塾），并研读一下稻盛和夫的所有著作，相信你一定能够遇见更加优秀的自己。

7. 如果创业成功了，可以开心三秒钟，但是，一定不要骄傲，市场变化莫测，一个行业周期一般3—8年，一个错误的决定，就很有可能让你回到解放前，经营企业如履薄冰；同时，要具备"渔船思维"，即一边在海上打鱼，一边就要把鱼送上岸，没有上岸的资产，漂在海上，随时都有风险。也就是说，我们经营企业不能把所有的资产都压在企业上，要及时地把一定的资产，从企业账户合理、合法地转移到家庭中去，做好企业与家庭的财富风险隔离，毕竟，我们有一家老小，万一出现风险，不能让家人跟着一起喝西北风。

8. 建立"水库式"经营：每年必须留存一定的结余资金作为应急资金储备，万一遇到"寒冬"，它可以支撑企业的生存。切记，不可将所有资金赌在一次投资上，否则，一旦失败，企业将面临

巨大风险。将储备的备用资金，作为保证本金投入到相对安全的年金理财保险中，目前可以实现年复利5%左右（2022年1月的保险理财数据显示）的年化分红收益；且不可将备用资金用于炒股、期货、投资股权基金等非保本类投资，风险太大。

三、家庭资产配置收入

家庭资产配置范围广，种类非常多，家庭资产配置，是我们实现资产性收入的关键环节，我们要努力增加我们的资产性收入，但是，这也面临很多选择和挑战，我将在"正确配置家庭资产"的章节，重点阐述。

第二节 无形资产

前面我讲到，财富的源头是收入，收入的源头是人，如何提高自己的附加值？如何增加自己的无形资产，让自己更值钱，这就是本节重点要阐述的内容。

一、人脉与社交

2002年我第一次听说"人脉等于钱脉"，当时实在不理解，怎么可能认识一个人，就等于有钱了呢？慢慢地，通过这些年的亲身经历，回顾过往，我发现，这句话说得有道理。你认识的人，同时对方也认识你、认同你，这样的关系才能转换为互信，有了这个基础，自然才有合作、帮扶、发展的机会。

作为家庭的经济支柱，要多多参与社交活动，产业链上、下游，尤其是行业相关性活动，多接触行业的专家、优秀的人士，增加自己在行业的知名度，增加在行业的信息来源，这样便于你掌握行业的最新动向和保持对行业的掌控力。喝茶、行业交流、聚会都可以，先加温、培养感情，才有未来合作的基础。一定不能在现有岗位停滞不前。逆水行舟，不进则退。只有不断在现有的领域，付出不亚于任何人的努力，做到极致，增加自己的含金量，才能越安全、收获才越多。

交朋友，也要选择，选择事业、背景、能力比自己强，视野、格局、心胸比自己更加宽广的人。这类人积极、努力、勤奋，他们能引领我们，给予我们更多的帮助。如果交一些只是吃吃喝喝、天天打麻将、不爱学习的朋友，没有思维深度，对你不认同，不懂得尊重你，不懂得欣赏你，也不能给予你指导和引领，这类朋友实则是在消耗你，请一定谨慎交往。你的青春是有限的。

二、兴趣与爱好

兴趣与爱好，一般建议在 40 岁以后，可以重点培养。因为，有一部分朋友在 45 岁以后，职业生涯将面临分水岭，要么进入核心高层，要么职业生涯开始走下坡路，尤其是女性，要注意。假如，你面临重要岗位调整，怎么办？所以，建议你增加自己的兴趣、爱好，或者也可以说给自己找个备胎，未来的社会竞争激烈，一定要有第二技能思维，一定要能够接受多岗位调整，乃至跨行业调整，要有这个心态准备、能力准备，一旦面临岗位风险，你才能够从容不迫地应对，不至于在上有老、下有小的年纪，突然断粮，不知所措。

如果自己做生意，也要注意，大多数行业周期也就3—8年，在关注主业的同时，多多拓展自己兴趣爱好，丰富自己生活，也是好事。当然，你把经营企业，当成自己唯一的兴趣爱好，那也很好。把你所有的激情、时间，全情投入企业，多多参与企业内部员工的聚会、活动，增加与员工之间的凝聚力，这也是增加兴趣爱好、提升生产力的形式之一。

兴趣与爱好的选择，建议是能够增加收入，或者能转换成收入的，要能为社会传递正向价值，客户能为此技能付费的兴趣爱好为首选，有些朋友说，我的兴趣爱好是打麻将、泡吧（除非被客户要求）……这个不算，因为它不符合为社会创造正向价值的标准。

三、持续学习

活到老、学到老。千万不要觉得我有硕士、博士学位了，我就不学了；也不要悲观，我学历不高，我没机会学习了；更不要，我现在很牛了，我很优秀了……记住：山外有山，天外有天，人外有人，一个人，永远无法赚到自己认知以外的钱，螃蟹只会打自己壳一样大的洞，持续学习的目的，是在不断地打开自己格局、扩宽自己的认知边界；我们要时刻保持谦虚、好学的态度，如果你不学习，凭运气赚来的钱，早晚一定会凭实力亏出去……

系统性学习班有：企业管理MBA、EMBA课程、高级人才管理班、金融学硕士班、融资并购课程、股权设计课程、商业模式设计课程、演讲类课程、税务筹划类课程、保险与资产管理架构、家庭财富管理类课程、心理学辅导课程、营养学课程、亲子关系学课程……这些课程与你的工作、企业管理、家庭关系、营养健康、财富管理、洞察人性都密切相关，你只有不断地学习，不断拓宽你的认知边界，才能不断地增加你的附加值，增加你捕获各种信息的能力，从而转换为人生机遇，更加快速地跨越中产。

在参加各种学习班的同时，也是在不断地拓宽你的人脉，你只有让自己更值钱、有更多的价值输出，才会获取更多的人脉。所以，如果前期的你人脉不够多，没关系，持续学习、持续成长、持续增加自己输出知识的能力，人脉自然就越来越多了。

注意：在这些学习班，有两个红线不能踩。

第一，在学习期间，不能参与班级的各种资金往来，比如：项目投资、众筹、借贷等，有一少部分人，打着同学之名，在各种学习班里学习的同时，以项目投资为名进行圈钱，让同学们受到损失。如果你了解到同学的项目确实非常好，请保持耐心，不要担心错过投资时机，你在读书期间，多和他交流，考察他的价值观，多到他的企业参访，多访问他的上、下游，企业老员工；考察他管理企业的水平和企业盈利能力……通过2—3年的观察，你心里有数了，再来看看是否参与投资或者借贷。即使要参与，投入的资金，也要按照本书中第五章"正确配置家庭资产"的指引来进行投资，千万不要着急。

第二，如果你已经结婚，尤其是已经有孩子了，一定要和学习班的异性保持距离；有时候和自己的配偶在一起生活久了，难免由于生活上琐碎的事情有摩擦，换了一个环境，遇见你感觉对的人，如果把持不好自己，容易迷失自己。切记，自律、自爱才是最高级的自由。如果一时冲动，可能导致妻离子散……成年人的世界都不容易，如果你确实在家庭婚姻中遇到瑕疵，本书 P43 "如何让夫妻成为一辈子的情人"章节，将给予你一些建议，希望你与配偶沟通，一起看，一起多回忆一下你们当年，如何设立婚约……

在所有的投资中，投资自己大脑的回报率是最高的，可以说绝对不会亏本。拓宽你的认知，增加你的含金量，这是你跨越中产的重要基础。

四、总结、自省、规划，把握未来

"吾日三省吾身"，我有一个习惯，想与你分享。每天晚上不管多晚回家，洗完澡，临睡前，躺在床上，我都会静心二十几分钟，这段时间里，我会用大脑对今天的事情进行复盘，从今天早上出门到回家，见到的人、说过的话、做的事，像放电影一样，快速地闪过一遍，思考一下，想一想，哪些话说错了，哪些事做错了，哪些话、哪些事还能处理得更好，是否有遗漏，如果来得及弥补的，赶快弥补……每一个人、每天都有可能犯错，犯错很正常，但不知道错在哪里，不改正错误，这就是很糟糕的事情……

如何才能自省？

最开始的时候，我也每天反省，但是，反省一圈，发现我自己做得挺好的，没有什么值得反省的……

当我们有这种思想时，那说明，要么我们应该换朋友圈了，因为我身边没有比我见识更高的人，没有人看见我的缺点，没有人愿意给我提醒，所以，**我要感谢给我提出建议的人，忠言刺耳**……要么就是我不够谦虚，有些骄傲，感恩心不够，我总是看见别人的缺点，看不见自己的缺点，这时，我们可以多学习稻盛和夫所著《活法》，提升心性！

日执行与规划

中产家庭，通常都非常优秀，规划、执行力都非常强，在跨越中产的过程中，还是要强调的是，**防止中产待久了，进入舒适区，奋斗的工作习惯逐步就遗忘了**。所以，这里再次强调一下规划与执行的重要性。

俗话说："方向不对，努力白费。"结果与目标南辕北辙，所以，在平时努力工作的同时，更要学会执行与规划，并融入日常生活与工作中，持之以恒，你一定会从优秀变得卓越！

日执行：千里之行始于足下，再伟大的目标、再周密的规划，都来自每一天勤奋、努力的工作，我们每个人只有一步一个脚印，高效地完成每天的工作，才能清晰地看见明天的结果，这样日复一日，踏踏实实地，往前推进，每天提高一点点、每天进步一点点，我们才能持续提高我们的能力，为社会创造价值的同时，不断增加我们的收入。

周目标：工作中，我们的目标不适合制定得太远，一般制定周目标较为合适，月目标、年目标，都太远了，容易遗忘，不够清晰和聚焦，每周的目标，必须完成，只有不断完成周目标，才更有信心完成下周目标，这样一周一周地落实，成就感满满。

月计划：一年12个月，每个月制定详细的计划，目的就是分解年规划，一个月的重大事件全部计划好，建议在行事历（网上可以买到当年专业的行事历）上标明，这样不落下每一件重要的事，当你每月达成计划以后，你也能看见每个月的收获。每年年终，在做全年工作回顾的时候，你翻开每月的行事历，每一个计划，每一件事都历历在目，这也便于你进行年终总结和反省，给来年规划做参考。

年终规划：通常每年12月份，就是对今年总结，也是对明年规划的重要时间节点。人无远虑必有近忧，只有总结分析一年的得失，站在更高的高度，带有危机意识，不断用发展的思维，创造的思维思考未来，才能让我们不断地超越自我，捕捉到好的发展机会。我们时刻准备着，创造更多的财富，超越中产。

如果你有写行事历的习惯，非常好，每年一本，累计起来，10年、20年、30年以后，当我们老了，翻开这一本一本行事历，就知道时间去哪儿了,它记录下了我们的青春回忆,享受幸福养老生活的自己,一定会感激曾经努力奋斗的自己!

五、人生成功方程式

世界经营之圣,稻盛和夫告诉我们:"改变思维方式,人生将发生 180 度转变。"那么,怎样做才能使我们的人生更美好、更幸福呢?稻盛先生给出的方程式是:

人生·工作的结果 = 思维方式 × 热情 × 能力

就是说,人生和工作的成果由上述三要素相乘而得。

首先,所谓能力,也就是说才能、智商,多半是先天的资质,包括健康以及拥有的运动神经等;而热情是指工作的干劲和努力的程度,这是后天的要素,可由自己的意志来掌控。这两者都可以从 0 分到 100 分幅度打分。

因为是相乘的关系,有能力却缺乏热情的人,分数不高,结果不好;相反,能力相对不强,但因意识到自己的不足而发奋努力,在人生和工作中充满热情的人取得的成果,遥遥领先于那些有能力的懒人。

而三要素中最重要的是"思维方式"。甚至可以说"思维方式"决定了人生的结果。"思维方式"这个词有点笼统,它是指人的心态,人对于人生的态度,也包括我们的哲学、理念、思想、价值观等等。

为什么"思维方式"最重要,因为它有正负,它可以低于 0 分,还可以在负 100 分到正 100 分范围内打分。

能力强，热情高，但"思维方式"的方向错了，"思维方式"取的是负值，因为三者是相乘的关系，结果就导致一个负值的结果。

举个例子，假如，张三个人能力很强，做什么事情都很有热情，激情满满，但是，他总想不劳而获，总想投机取巧，总想着所有人都该帮自己，也总是抱怨社会不公，这就是思维方式出了问题。这样的情况下，能力越强、热情越高，思维方式却是负面的，结果就会越来越差，总有一天会吃亏……

因为"思维方式"是扭曲的、是负值，那么，就不可能有一个幸福的人生。

那么正面的"思维方式"是什么呢？这个问题不必想得太复杂，用常识判断就行。

总是积极向上，有建设性，有感恩心，有协调性，善于与人共事；性格开朗、对事物持肯定态度；充满善意、有同情心、有关爱心；勤奋；节俭；有敬畏心、不自私、不贪欲等等。

这些特质似乎都是老生常谈，也许我们都知道，这些也是最简单的伦理观、道德观。但是，这些才是绝对不可忽视的真理，我们不仅要用头脑去理解，而且，要让它们占据我们的心灵，融入我们的一生。

人生要获得成功，就要每天努力把思维方式、热情、能力做到 100 分，这样，我们就能逐步收获成功。

我第一次听稻盛先生讲成功方程式是在 2006 年，从中央电视二台《对话》栏目中看到的。当我知道这个成功方程式以后,直至现在,我都一直努力去践行,一步一步让我的人生发生改变。这不仅适用于我的事业,我的家庭,也适用于教育孩子,你也可以跟家人一起尝试。

由于篇幅有限,希望你可以多读稻盛和夫的系列著作。只要践行,一定能够让你的人生更加幸福!

人,活着就是在修行。

只要不断地修炼自我,提升自我,一定会遇见更加优秀的自己。

永远相信美好的事情即将发生。

六、健康与运动

健康是指一个人在身体、精神和社会等方面都处于良好的状态。

健康包括两个方面的内容:

一是主要脏器无疾病,身体形态发育良好,体形均匀,人体各系统具有良好的生理功能,拥有较强的身体活动能力和劳动能力,这是对健康最基本的要求;

二是对疾病的抵抗能力较强,能够适应环境变化,各种生理刺激以及致病因素对身体的作用。

传统的健康观是"无病即健康",现代人的健康观是整体健康,世界卫生组织也提出"健康不仅是躯体没有疾病,还要具备心理健康、社会适应良好和有道德"。因此,现代人的健康内容包括:

躯体健康、心理健康、心灵健康、社会健康、智力健康、道德健康、环境健康等。

健康是人的基本权利。

健康是人生的第一财富。

由于篇幅有限，从财富风险管理角度，我们重点探讨躯体健康，**只有躯体健康了，人才能不断创造财富。**

有氧运动，是我重点给大家推荐的健康运动方式之一。我的有氧运动很简单，在户外，绿色植物较多的地方，就是快走（一分钟130步以上）加小跑步，二者交替进行，心跳要达到120次每分钟，每组10分钟一个循环，慢走5分钟，再循环快走加小跑步，每次3组，一共45分钟。每次做完有氧运动，头脑非常清醒，心情非常愉快；你尝试一下，坚持21天，会有神奇的效果……

运动也要量力而行，防止运动过量伤害身体。

有心脏病、高血压、高血脂的朋友，不建议早上运动。我身边好几位患有高血压的朋友都是早上7—9点这个时间段运动，结果突发脑溢血，因心梗抢救不及时过世，实在可惜……

有些朋友喜欢跑步，尤其是最近流行的城市马拉松，但也一定请注意方法，如果方法不对，容易出现关节过度摩擦导致的膝关节疼痛、胫骨骨膜炎、跟腱炎、足底筋膜炎等疾病，所以，一定要在专家的指导下跑步。

身体健康了，留得青山在，不愁没柴烧！

七、营养学、医学知识

当下,除 70 岁以上老人（70 岁以上老人,牙齿不好,食物单一,消化系统减弱,容易出现营养不良）,几乎很少有人出现营养不良的情况,而大多数人是营养过剩。肥胖、高血脂、高血压、高血糖,很容易导致心梗、脑梗、冠状动脉粥样硬化,而且这些疾病的发病年龄越来越年轻化。所以,请大家高度关注营养学、预防医学,一定要多多学习,你可以在所在城市,搜索当地营养学会、医疗机构组织的"营养师"培训,系统性学习营养学,知道哪些该吃、哪些不该吃。

尤其是家里负责全家人厨房的家人、负责照顾小朋友的家人,一定要多多学习营养学。

早餐：是一日三餐中最丰富的、最重要的,一定要准时吃。蛋白质、脂肪、碳水化合物、维生素、纤维素都要均匀持续地摄入；通常,固定的,每天早上一个鸡蛋是必须要吃的,牛奶、粥、豆浆、蔬菜、肉类、面条、面包、包子等,可以换着花样吃。而腌制食品、火腿肠、腊制品这些加工过的食品,建议不吃或者少吃。长期不吃早餐严重危害健康,而且,不适合空腹吃寒凉的食品,要加热后再吃。长期吃冷的食物,如寒性水果、冷餐,中医畏寒,伤胃。请提醒家人注意。

中餐：是可以放开吃的,总体方案是少油、少盐、少糖、少碳水化合物。多吃含纤维素的食物（就是比较有嚼劲的蔬菜、纤维较多的),肉类与蔬菜的摄入比例控制在1:3。如果吃了多油的、高热量食物,如火锅、牛排等,建议轻食1—2天,清理一下肠胃,减少内脏消化的负担。

晚餐:正常来讲,一定要少吃,最好定时,18:00左右吃晚餐,吃个半饱就可以了。尤其是40岁以后,吃得越少,身体修复越快。早睡,22:00前睡觉,第二天起床时,你会感觉很轻松。对于减肥人士,可以尝试清水煮蔬菜,但不建议晚餐空腹,或吃冷的水果,长此以往,会伤胃。也不建议晚餐偶尔吃、偶尔不吃,这样胃酸分泌不均会导致肠胃失衡,由此引发胃炎。

夜宵:夜间22:00以后吃夜宵,特别是吃烧烤的人群,一年吃1—2次没太大关系,频繁吃会严重危害身体健康,请一定注意。

"垃圾食品"添加剂较多,再生食物、非天然的食物、速生食物、人工合成的食物,以及含添加剂较多的饮料,尤其是儿童,建议一定要控制摄入,防止儿童过早发育,影响身体健康。在我的朋友中,几乎每年都有好几位儿童出现早发育的情况,家长不得不人为干预、治疗,而且费用昂贵,孩子也难受。无知的爱,就是伤害……

现代社会,化学污染、空气污染、食物污染、水源污染、装修材料污染、基因突变等情况想要完全杜绝,几乎很难,但这些都严重地威胁着大家的健康。我们一定要提前多学习一些医疗知识,保护好自己及家人,而预防医学,是一门新的学科,它和临床医学有着本质的区别。身体是自己的，不是把它交给医生就行了。医生在关键时候可以给我们治病、做手术，但平时养生保健及预防，还是要靠自己。这里由于篇幅有限，我推荐大家看一本书，作者薄世宁所著的《医学通识讲义》。多学习一些基础知识，总是好事。

全家人，都懂得营养学、预防医学，身体健康了，减少医疗支出，就是无形地增加了财富。

八、熬夜、应酬的伤害

人人都知道健康很重要，都知道早睡早起有利于健康，但是，他们又经常熬夜。

经常熬夜和年龄的增加都会导致新陈代谢降低，身体内自由基数量大量增加，免疫系统逐步降低，防御能力逐步低下，对突变基因，容易形成免疫逃逸，长期下去致使患恶性肿瘤的风险增加、猝死风险增加，这样的案例太多太多，这里就不过多阐述，大家可以去查询相关危害。

处于事业上升期，要拓展人脉，难免需要应酬，有时一搞就是大半夜，这是常态，也是难以避免的，但是，要注意几点：

第一，赚再多的钱，身体垮掉了，那就没有意义了，所以，要平衡健康与赚钱的关系；

第二，一定要和家里人沟通清楚，得到家人的体谅。家人关心你的身体，你应该感到欢喜与温暖，而不是烦躁；

第三，应酬一定要有节制，控制在一周 2—3 次，隔天要休息一下。每次熬夜一定要睡足 8—10 小时，修复受损的细胞；

第四，熬夜以后的第二天，一定不要剧烈运动，否则，猝死风险直线上升；

第五，推荐大家看一本书，大卫·塞尔旺-施莱伯所著的《每个人的战争》，提前了解抵御癌症的有效生活方式，因为人只要活得够久，理论上讲患癌的风险就越大。

要跨越中产，一定要有健康的身体，否则，一切都是枉然。

第三节　创业与股权

一、创业融资及注意事项

创业，确实是中产快速成为高净值阶层的一个重要途径之一。但是，你要考虑清楚，你为什么要创业？你到底适不适合创业？你做好创业的准备没有？建议，再把本章第一节，创业投资收入的相关内容仔细看看。得到家人的支持和理解，尤其是配偶的支持后，再全力创业。

创业者除了要有坚忍不拔的精神和意志外，更应该懂得创业的知识，掌握创业的方法和技巧，并且借鉴成功者的经验，这样才可以科学地创业、高效地创业，使自己的事业更快、更顺利地发展壮大。我建议想创业，或者正在创业的人士，可以系统性地看看阳飞扬所编著的《从零开始学创业》大集，了解系统性创业知识，减少创业的风险。

关于创业资金的来源，真正好的项目启动是不需要多少钱的，也不会缺钱。因为，会有人给你投钱。

你只需要把你的商业计划书好好梳理，去找不同的人，谈论下你的项目，听听他们给你提出的各种建议即可。你需要虚心接受不同的意见，不要去争辩，观点没有对错，只是代表市场上不同消费者的声音。并且，你要多角度思考问题，不断地完善你的项目。然后，修正、完善，再修正，再完善，拿着完善后的方案去找下一个投资者。最后，你发现会有很多人都愿意给你投资，这个时候，你才需要考虑是否启动你的项目，这是最安全的做法。

融资创业，第一融资对象是你的前老板。待你真的想好了，再拿着方案与你的前老板沟通，谈你创业的初衷、目标、愿景，并感谢前老板对你多年的培养，不管你前老板给不给你投资，请记住，你出去创业，不能挖你前老板的墙脚，你在公司获得的资源和其他最好都不要带走，也不能去伤害原公司、原来的同事、原来的老板。做人要有骨气、诚信，在这样的思维模式下，你做人成功、做事业也会成功。

给你一些建议：

1. 创业项目与原公司关联：可以思考你现在所在的公司中，存在哪些不足、需要改进的地方，上游，或者下游单位都可以。这样一来，你梳理整理好，再和你的老板好好沟通，向老板表明你做人、做事的态度和决心，征得老板的理解，沟通到位了，你的老板自然会给你投资,支持你的发展。

2. 创业项目与原公司项目没有任何关联:也要像老板阐明你的初心,感谢老板的培养,为了你未来的人生目标,希望征得老板的支持。共事多年,你老板应该很了解你,如果他愿意给你投资,说明你这个项目基本上成功一半了。

3. 自有资金准备:大部分投资人,都希望看见你投了多少资金,你的资金投入越多,越能看见你的决心和态度,对方才更愿意投资;如果你没有自有资金投入,老想拿别人的钱做无本生意,这个失败的概率会比较大。

4. 朋友融资创业:找到你这个项目中,能够胜任关键环节的人,邀请他一起参与,投钱、投人,并肩创业,这是最佳选择,具体投入多少资金,占股多少,看下一段关于《创业者应掌握的股权知识》。

5. 借钱创业:自有资金+亲朋好友借钱创业,一定要打借条,明确属于借款,还是项目投资款。不要出现这样的情况:项目成功以后,对方把借给你的钱当成投资款,要求占你原始投入的股份,那就麻烦了。

6. 贷款创业:财务透明、信用良好,可以申请信用贷款、税务优惠贷款、流水贷款、小微企业贷款,每个银行都有不同的贷款支持业务,多跑几家银行,比较下贷款利率。尽量从银行获取贷款,不要去找民间借贷。

7. 银行贷款注意：在银行贷款以后，一定要与银行保持沟通，在还本金的那段时间，切记防止银行抽贷，防止银行（指银行的个别操作人员）给你找过桥资金，联合小贷公司压榨你的资金或者抵押你的股权，上述情况可能会发生，切记，防人之心不可无。对于过桥资金，要防止出现利息过高的情况，要防止银行贷款还进去后，却不贷款给你，要想好若出现上述情况你又怎么办，做好充分的准备。

8. 抵押房产创业：这个风险很大，不要把唯一住房用于抵押贷款创业，想想家人，要对孩子、家人负责。

9. 众筹融资：你有好项目，好产品，需要筹钱、筹资源、筹人脉，当然，你也可能会想到众筹。注意，这样的情况，最好咨询律师，不要最后被搞成非法集资了。还有最好不要做成股权众筹，因为一旦生意失败，会非常麻烦。建议最好做成产品众筹、消费型众筹，并算好回报，在《众筹协议书》上写清楚，公司关闭、破产后的退出机制和方案，所有众筹一定要设定到期作废时间，切记！让参与者明明白白参与，不能坑蒙拐骗，否则，最后一定会付出代价。

二、创业者应掌握的股权知识

> 创业者，在创业的过程中，通常会遇到价值观相同的人，愿意与你一起创业，但是，需要提醒你的是，选择创业伙伴或股东，尤其是注册股东，尤为重要，一定要充分考虑对方的德行，绝对不能只要对方出钱，你就可以和他一起创业，否则，后患无穷。

对于创业者、主发起人、核心关键环节参与者，都应该投钱、投人，按比例占有公司股份。只有做到责权利对等，项目成功的概率才会更大。

投钱，不投人；投人，不投钱；投人，又投钱。这三种情况涉及的股权比例、工资预算都是完全不同的。这是一个系统工程，要做好，就要因人而异、因项目而异，这里，没办法展开讲，不过，我可以给你一个大概的方向：

首先，这个项目假如是你来主导，主要资源都在你手里面。在所有准备都充分的情况下，你去注册一个公司，你和你的父母，选择年龄最大的一个，与你一起成立一家公司。其中，你持股99%，父母中的一员持股1%。先把公司成立起来（在选择公司出资人时，最好不要选择你的配偶，父母两人中也只择其一，这是为了未来隔离风险考虑）。然后再去选择资源，组建团队。这么做，让大家看见你的决心、你的担当、你的责任心，未来在很多谈判中，你才有主动权……

然后，你要掌握以下股权基础知识：

1. 67%（三分之二）——拥有绝对控制权，相当于100%的权力，拥有修改公司章程、增加或者减少注册资本的决议，以及公司合并、分立、解散或者变更公司形式的决议。

2. 51%——相对控制权，能控制公司。

3. 34%——安全控制权，拥有一票否决权。

4. 30%——上市公司股东持股比例的要约收购红线。

5. 20%——重大同业竞争警示线。

6. 10%——临时会议权，可提出质询／调查／起诉／清算／解散公司。

7. 5%——重大股权变动警示线，需披露权益变动书。

8. 3%——临时提案权。

9. 1%——代位诉讼权。

创业初期，建议不要出现股权僵持的股份：

1. 例如：平均股份，50%∶50% 或 33.3%∶33.3%∶33.4%，这个股权占比分配，投资人一看，头都大了，说明这个企业有人说了算，又没有人说了算。如果出现争议，没有人拥有决定权，因为谁都不服谁。

2. 还有的情况是：50%∶30%∶20% 或 50%∶40%∶10%，这样的股份占比分配也是不行的，没有一个人拥有相对控制权，只有 1 个人有一票否决权，这样的企业，出现分歧，没有办法快速决策，也是大忌。

总之，小企业才开始，一定要有人拥有绝对控制权，也就是股份占比达 67% 以上。实在不行，也必须有一个人拥有超过 51% 公司股份，其他单个股东最好不要超过 34%（除非你做好了关键时候让他行使一票否决权的准备）。创业之初，市场千变万化，要快速、果断地决策，才能降低失败的风险。获取高股份比例，意味着相应的责任与担当，你要付出不亚于任何人的努力，否则，你怎么面对你的员工、家人、投资人和合作伙伴呢。

三、一般项目、创业初期、股权的均衡分配

共同创业中，亲友之间合伙是常见的情况，有的人出力，有的人出钱，有的人出钱又出力，有的人出钱、出力、出技术。大家投入的方式不同，优势互补。

面对不同的投资人，股东应该如何分配，才能体现公平？

我给出的建议方案如下：

案例：A、B、C 三人合伙创业。

三人计划创立一家有限责任公司，注册资本 100 万元。

其中，A 出资 50 万元，B 出资 40 万元，C 出资 10 万元。

一般情况下，三人对应的股权比例为：

A 持股 50%

B 持股 40%

C 持股 10%

但是，三个人，因各自参与公司经营管理不同，较难均衡，比如：

A 只出资，不干活；

B 既出资，又懂技术，又干活，又全勤投入；

C 既出资，又干活又投入管理。

在"投入不均"的情况下，仅仅考虑"钱"的多少而得出持股比例，显然存在失衡的问题。

因为,总投入有多种形式,但收入比例只有一种。时间长了,干活多的人有意见,出钱多的人也有意见,各有各的道理。

如何调整"投入不均"?

从 A、B、C 的资金投入来看:

A 只出资金,不参与经营管理,但享有分红;

B 出资金,技术,并参与经营管理,享有分红;

C 出资金,参与经营管理,享有分红。

调整投入不均的方法,就是从单一的"出资衡量持股"的模式中跳出来,股东协商确定人力或其他虚拟资本在公司发展中的比重。

如,三人协商一致,资金在注册资本中占70%的比重,人力在注册资本中占30%的比重。【实战中,也可以调整为资金占80%的比重,人力、专利技术占比20%,股东商议好就行】

结合股东对公司发展的作用,除货币出资外,人力和技术都有投入,则资金、人力、技术占比分别为 A 为 0,B 为 40 万元,C 为 10 万元,计算方式如下:

A 货币外投入为 0=0 万 ÷(0 万 +40 万 +10 万)(人力和技术部分中,资金投入占比)

B 货币外投入为 80%=40 万 ÷(0 万 +40 万 +10 万)(人力和技术部分中,资金投入占比)

C 货币外投入为 20%=10 万 ÷(0 万 +40 万 +10 万)(人力和技术部分中,资金投入占比)

大家如确定了资本与人力占股比重为7：3，这样每个股东的持股比例就需要参照70%和30%两个维度计算：

股东A：出资50万元，占100万元注册资本的50%，因其不出力，该50%的资金在70%的资金股中占50%×70%=35%；A不出力，其在人力股中的占比为0×30%=0。

即A的持股比例=（50%×70%）+（0×30%）=35%

股东B：出资40万元，占100万元注册资本的40%，该40%的资金在70%的资金股中占40%×70%=28%，并且出力、出技术，其在人力股中（资金部分）的占比为80%×30%=24%。

即B的持股比例=（40%×70%）+（80%×30%）=52%

股东C：出资10万元，占100万元注册资本的10%，该10%的资金在70%的资金股中占10%×70%=7%，并且出力，其在人力股中的占比为20%×30%=6%。

即C的持股比例=（10%×70%）+（20%×30%）=13%

我们作对比看下：

如果只考虑资金，三人的持股比例为：

A 50%　　B 40%　　C 10%

此比例下，在公司长时间发展过程中，资金影响越来越小，干活多的股东会认为自己付出更多，但得到的少。

如果考虑资金、人力、技术等总投入，三人的持股比例为：

A 35%　　B 52%　　C 13%

此比例结合了三人的总投入，不仅考虑资金，还考虑资源、能力、技术、青春等虚拟投入，相对平衡。

大家开始看的时候感觉有点晕，不着急，按照前面的案例，多看几遍，理解了逻辑以后，在遇到创业融资问题，都可以按这个方法进行计算，只需调整其中的数字比例就可以了。

三点提示：

1. 不投入钱，只投入人的投资者，原则上不写入注册股东，给他发工资就好了，等他有钱了，进入项目第二轮、第三轮融资的时候，给予管理股份奖励就可以。

2. 公司要规范经营，股东是股东，享受经营利润。员工是员工，就应该拿工资。股东在公司工作，一样应该按员工标准发工资，只是股东可酌情处理，适当少拿工资；如果不发工资给参与管理经营的股东，则有失公平，而且不符合国家税法监管要求，公司早晚会出事。

3. 合伙开公司，相互鼓励、互信、坦诚非常重要，股东之间一定要保持密切沟通，相互体谅，所有困难一起扛，不要相互指责、猜忌，所有账目清晰，公开透明，随时接受股东、税务机关的质询，金税四期已经上线，只有规范发展，才是对自己负责、对股东负责。

四、高科技项目，普通项目成熟期、高速发展期融资

如果你有高科技项目、互联网项目，并拥有很多核心技术的项目融资，或者是普通项目在成熟期、高速发展期的融资，那就

不能按照上面讲的融资方案进行，否则你很吃亏。因为这些项目融资非常复杂，你需要请专业律师、注册税务师协助一起完成，这里就不做展开讲解。

五、创业失败怎么办

任何一个行业，都有生命周期，绝大多数企业都会经历诞生、发展、壮大、下滑、消失！

新创业，更是充满不确定性，如果你想好了，人生要拼搏，那就全力以赴吧，哪怕失败了，也今生无悔，假如创业失败了，根据我的经验，我想给你一些建议：

1. 积极做好善后工作，偿还所有人的欠款，建议偿还顺序如下：

第一步：清算账目，缴清欠国家的税金；

第二步：发布公告，清退消费者，不要欠客户的钱；

第三步：给员工做好解释工作，清退员工的钱；

第四步：清退房租、各种水电费等；

第五步：清退上游供应商的钱，如果没钱清退，全部打欠条。认账，不赖账；

第六步：再核算剩余资产，清退股东的钱；

第七步：如果欠款金额特别巨大，导致你倾家荡产都无力偿还的话，就按公司法规定，申请破产清算。

总之，积极面对，认真总结，所有的经历都是你宝贵的财富，没有关系，留得青山在，不愁没柴烧！把这个项目善后工作处理好，休息2个月，好好思考问题出在哪里，想清楚自己的定位，再寻找机会，东山再起，千万不要一蹶不振。我想告诉你的是，这是老天爷在考验你，每一次失败，都是对自己人格的一次完善；人生只有到达低谷，才知道自己反弹有多高；信心是最重要的，相信自己一定能干出一番事业！加油！加油！加油！

2. 切记不能再犯的错

有些朋友创业失败了，就选择跑路，回避，这是极其不负责的做法。人在做天在看，你的人生有无限可能，不要丧失大家对你的信任。而且现在是信息社会，信息传播的路径和渠道多元且迅捷，逃避责任的你反而会付出更大的代价。

也不要一味沉溺在自责悔恨之中，用酒精麻痹自己，或者期望靠赌博打个翻身战，这些都是极其不理智的行为。

另外，也不要背负很重的思想负担，不要自暴自弃、不要自己看不起自己，而是要对自己有信心，知道自己在做什么，相信自己，再过几年，又是一条好汉。

加油！加油！加油！

第四节 增加和谐资产

一、管理好家庭关系的重要性

家庭关系和睦，大后方稳定，家庭经济支柱才能够心无旁骛，全身心地投入到工作当中，这也是增加家庭财富的基础保障之一。如何处理好家庭的各种关系呢？方法又有哪些？接下来我们就开始吧。

与长辈的关系：中产首先面对的现实问题是，边工作、边照顾孩子，还要顾及家里的日常事务，尤其是有了二宝以后，就要花更多的精力了，怎么办？

请保姆、雇人照顾孩子，我个人不太推荐这个方案，因为很难找到放心的保姆，但可以请保姆作为辅助，家里还是要有1—2位父母协助照顾（具备条件的话），这样更放心一些。但是，现实情况是，有一部分家庭，配偶与自己的父母总是格格不入，搞不好关系，这里，我想劝一下大家，首先，我们爱对方，就要爱对方的父母，没有哪一个孩子不爱自己的父母，你尊重、爱他的父母，你的配偶自然会发自内心地感激你，从而更加地爱你……

虽然，对方的父母可能存在太强势、太固执的性格特征，让你感觉他蛮不讲理。而且，生活习惯和你不同、吃饭口味与你不同，又不爱你、不关心你……哪怕你说得都对，他还是会一一驳斥你的看法。这时，请记住，要学会技术性处理，首先，你要学会发自内心地主动关心配偶的父母；其次，要在合适的时候，心平气和地把你的意见和观念，与你的配偶多沟通，希望你的配偶在你和他的父母之间，就某一个点，多多沟通，交换意见。请记住，配偶一定要在这个过程中，调解、磨合与父母的关系，真诚地与自己的父母沟通。

请记住一点，凡是家里与长辈关系不好的，一定不是某一个人的责任，夫妻双方都有责任，自己的父母，自己负责去沟通，有时候，自己的父母确实做错了，那也必须要严格地说出你的观点，并做到实事求是、公平、公正，不能偏袒任何一方。同时，大家还要坦诚地沟通，每一件引发摩擦的事情，都必须要找到相互妥协的方案，只有这样子，一个家庭才能够相互磨合到位，真正实现家庭和谐。

家庭会议：在一个家庭中，开家庭会议非常重要，我家每个季度都会开家庭会议，年底也会开家庭年终总结会议；

1. 家庭会议，主要就过去一段时间内的家庭的事项，每个人的工作、收入等，做总结，分析不足，改进方式，表扬；

2. 要让父母知道我们的工作、事业情况，心理状况，想法等。每个父母都希望子女们能够越来越好；

3. 关于家庭经济支柱，谈谈未来的规划，同时也让父母提前知道怎么帮助我们……

4. 要感谢父母给予小家庭的帮助和支持，每一个长辈都希望自己的付出被看见，也能被孩子们认同。而我们作为孩子，也不要吝啬夸奖自己的父母；

5. 我们一定要有感恩之心，要充分肯定每一个人的价值，在不同的岗位上，为家庭的兴旺，付出各自的努力；

6. 不要挑剔父母，因为，父母是不能更换的，那就只有学会接纳，尽量用适当的沟通技巧去改变，配合和磨合，为家庭做贡献……

7. 换位思考，富有耐心：我们要理解老一辈的生活习惯、说话方式、处事方式、思维方式，我们要有耐心，慢慢引导，毕竟父母几十年的习惯，不是你想改，就能马上改掉的，即使是你，也不一定能马上改掉，所以，要换位思考，相互妥协，求同存异，共同把家庭建设好。

家庭会议的核心，就是大家心平气和，相互交流思想，一定要倾听对方的想法，多多沟通，解决矛盾，找到方法，达成共识，增加一个家庭的凝聚力。

家庭地位：有一些朋友觉得没有获得其他家庭成员的尊重，感觉自己很委屈，其实我想说，每个人的地位，都是靠自己争取来的，经济地位决定政治地位，人格独立才能经济独立；每个人一定要有自己的事业，一定要能够自己养活自己，否则，时间久了，或多或少就会出现各种家庭矛盾。

哪怕是小孩子刚出生不久，你需要阶段性地全职照顾孩子，那么，等孩子上幼儿园以后，建议你一定要给自己找到一个兼职，一定要想办法在照顾孩子之余，走向社会，不能整天待在家里。每天待在家里，你与父母面面相对，难免会增加摩擦的概率。

如果不再进入社会，你会发现你与你的配偶之间，沟通会少了很多话题，配偶每天出门忙工作，你每天在家睡觉，无所事事，等他（她）忙了一天，身心疲惫回到家，本想好好休息，结果，看见你衣冠不整，不修边幅的样子。又或是你在家睡醒了，很想和他（她）聊天，结果，他（她）回答的方式不对或语气不好，你就会感觉他（她）不尊重你、敷衍你、怀疑他（她）不爱你了……渐渐地，你变得非常敏感，吵架概率也随之大大增加……

假如，夫妻双方，都在为了家庭付出、奋斗。在空闲时间里，你或许选择做个兼职，但不一定能赚多少钱，可是，你有个事情做，同时能学习到很多知识，比如教育孩子的方式方法、提高家人们的身体健康知识、家庭理财知识、法律知识、金融知识……总之，让自己忙起来，不能闲，你会发现，当父母们看见你一天忙里忙外，能自己养活自己、经济独立、人格独立时，所有人都会尊重你，你说的话才更有人听，所以，家庭地位，除了要多沟通，相互尊重以外，就是要靠自己人格独立、经济独立，才能稳固。

没有哪个家庭，是在吵吵闹闹中兴旺发达的，越吵越增加败家的概率，风水一定不会好。

俗话说，"家和万事兴"，只有家人之间和颜悦色，家才能安宁，风水才会越来越好，才会逐步兴旺发达！

二、如何让夫妻成为一辈子的情人

因为爱，因为欣赏对方，因为彼此需要、离不开对方，所以，两个人才能步入婚姻的殿堂，才会结婚生子，但是，我们往往发现有一部分家庭最终走向离婚，或妻离子散，不要说跨越中产，发家致富，连保住财富都不可能。一旦离婚，财产就面临一半的损失、生活成本增加……所以，接下来，我会分享我的经验，以供参考。

结婚之前：要睁大眼睛选，用放大镜看。最好要试婚，住在一起，模拟结婚后的状态，双方共同生活一段时间。这个过程，就是寻求价值观、人生观、世界观匹配的过程；这期间，你们可以各种折腾、无理取闹都可以，尽可能把你最真实的一面表现出来，而且，最好尝试1—2次分手，看看分开住以后，大家是不是习惯没有对方的日子，如果，由于各种矛盾分开以后，大家都离不开对方，愿意为了对方相互沟通、相互妥协、相互改正，这就是相互磨合的过程，你们就逐步建立起了沟通、改变、协调、相互促进的进步机制，为未来找到了处理问题的方式，这个过程很重要、很重要。

《婚约》：双方都感觉经过一段时间的磨合和碰撞，发现感情不但没有受到影响，反而更加稳固，结婚就水到渠成了，这个时候，可以建立婚约，建议如下：

1. 双方曾经的所有问题，过了就过了，不能相互揭老底，只能看见过去的美好，不能看见过去的缺点；

2. 每天给对方一个拥抱，或者一个亲吻。一句我爱你，一句关心的话，请记住爱要付诸行动；

3. 夫妻双方所有矛盾不能过夜，不能等到第二天，当天的矛盾没有谈清楚、解决之前，都不能睡觉；

4. 夫妻冷战时间不能超过24小时，否则，一切问题都是男方的错，没有原因……但是，女方也要适度妥协；

5. 把对方当成朋友，每周必须促膝长谈一次，交流各自的工

作、生活、想法,可以在家里、在咖啡厅,及时疏导不同的观念,不断寻求价值观统一、目标统一;

6. 每个月,夫妻双方可以送对方一件神秘礼物,给对方惊喜,请记住爱要付诸行动;

7. 重大节假日,比如情人节、对方生日、端午节、中秋节、除夕夜,尽量与家人一同度过,并共同准备参与其中;

8. 相敬如宾、礼貌对待对方,不管是在外人面前,还是在家,都时刻对对方保持尊重、敬畏、欣赏、关爱;

9. 在第三人面前,永远只能发自内心地欣赏配偶,表扬配偶,有再多的缺点或问题只能待你回到家后,再推心置腹地给配偶讲,人前给配偶留足面子,人后他(她)才会听你讲,每个人都是有尊严的;

10. 在自己的父母面前,一定要保护好自己配偶,不能让对方父母参与你们两个任何感情上的事务,父母在你们两个所有事情上只有建议权,没有任何决策权,要在父母和配偶之间寻求平衡;

11. 在家庭资产方面,双方必须透明,必须向对方敞开心扉,大额开支必须事先商量,否则,久而久之就会产生一系列问题;

12. 努力尝试,并付诸行动,爱对方的父母,比爱自己的父母更多一点。

相信大家努力做到这12条,一定会让你们婚姻生活更加多姿多彩,我也期待你的来信,在下一本书中,一起分享你家庭生活的快乐秘诀，造福更多的家庭……

婚后：结婚之前睁大眼选，结婚以后，睁只眼闭只眼。

结婚以后，夫妻忙于自己的事业、忙于照顾家人，久而久之，因熟而失礼，难免有时候，没有顾及对方的感受，慢慢地，激情被生活琐事磨灭，这个时候，需要夫妻双方共同努力，参照上一段《婚约》相关条款演绎，慢慢地，我相信你们一定能找到当初的感觉，并重新点燃激情。

"**百年修得同船渡、千年修得共枕眠**"，共同组建家庭后，**当珍惜缘分**，更多的是履行对子女、配偶、父母的爱与责任，不要折腾，一起共同携手，建设美好家园！**只有夫妻合心，黄土才能变成金。**

第五节　重视信用

个人信用至关重要，在任何时候，你要有自己的价值观。我在2006年，第一次接触稻盛和夫先生以后，深受其经营哲学的影响，并确定了我的核心价值观："**真、善、美、勤俭、诚信、敬天、爱人。**"这11个字一直伴随着我，在我面临重大决策的时候，也一直影响着我的决策。

我讲一个自己的故事，向大家阐述一下坚守个人核心价值观——诚信的重要性。

当我在投资高山土猪项目的时候，面对突如其来的非洲猪瘟，一夜之间土猪全部死完，损失巨大，当我从农业专家处了解到非洲猪瘟，多年来一直没有疫苗，而且再次暴发的概率很大，很多专家都建议我放弃这个项目，经过与核心股东商议后，我们决定放弃这个项目，但是，这个项目有94位消费型众筹股东，按照投资协议，如果出现不可抗力因素，导致亏损的项目，大家应该共同承担损失，非洲猪瘟属于不可抗力因素，按道理，我只需要做个破产清算，走完法律流程即可。预收的200多万元的众筹消费款已经投入到养殖场，现在猪全部死完，造成了巨额损失，这时候完全可以直接宣布破产，但是，我还是决定拿出个人的资金，全部清退股东。很多股东都不愿意要钱，他们表示愿意一起承担损失，我也坚持要自己来承担损失，毕竟是我在管理这个项目，虽说是由于不可抗力因素导致破产清算，但是我始终负有责任……

虽然我拿出钱退还给股东，对我来说无疑是雪上加霜；但我的这个举动，感动了无数的股东，清算完以后，我去了一个集团公司任高管，再后来，我又跟随我夫人做家庭财富风险管理、保险、家族财富传承、资产配置。我做保险的时候，发现以前的很多股东，都会主动找到我做保险咨询、理财、管理家庭财富……还会帮我介绍大量客户。我真的非常感动，在保险公司的第一年，我就做到了整个分公司的前三名，对于一个新人来说，这完全就是奇迹……

我并不是在炫耀什么，想告诉大家的是，不管在任何时候，面临何种苦难，绝对不要坑人、害人，对待每一个朋友，一定要真诚、善良、实在，遇到困难要直面困难，寻求他人的理解，自己也要奋发努力，不辜负每一个人对我们的期望。"人在做天在看，三尺之上有神灵"，人一定要有敬畏之心，一定要换位思考，将心比心，再大的困难，我们一定能挺过去，相信一切美好的事情即将发生。

第六节 "强制储蓄"的重要性

为了更好地让大家理解"强制储蓄"的重要性，我给大家讲一个"卖油郎的故事"。

从前有一户人家，丈夫以卖油为生，养家糊口，丈夫每次挑着担子出去沿街卖油，临出门前，他家娘子总会悄悄地从售卖的油桶里舀出一勺油，放进家里的大瓦缸储藏起来。日复一日、年复一年，从未间断。由于每次只从桶里舀一勺出来，丈夫并没有察觉……

有一年，家中老母亲突发重大疾病，那时候卖油生意不好做，但丈夫是个大孝子，为给老母亲治病，悄悄花光了卖油的本钱，最终母亲疾病治愈。娘子见丈夫整日愁眉苦脸待在家中，也不去进油、卖油，便询问丈夫何故，丈夫向娘子述说了缘由……

娘子听后，肯定了丈夫的孝举，并拉着丈夫的手，来到大瓦缸前，揭开缸盖，丈夫看见了满满的一大缸油，喜出望外。娘子对他说："我就是怕将来有一天，我们出现意外，所以每次你外出卖油，我都会偷偷地舀一勺油存起来，以备不时之需。现在它终于派上用场了，你把这缸油挑去卖了，我们就有东山再起的本钱了……"丈夫听后，很是感动。从此以后，丈夫与娘子就有一个默契的约定，丈夫每次出门以前，娘子还是会继续舀一勺油存入大瓦缸……日复一日、年复一年、从未间断……这一家人又过上了幸福的小日子……

强制储蓄是一种思维方式，更是一种良好的理财习惯，不管我们有钱、没钱，每一个月，都必须让自己进行一个强制储蓄的动作。很多女士每天要喝一杯咖啡，也就 20—30 元钱，很多男士，一天抽一包烟，至少也要 20—30 元钱，这个金额看似小钱，但当我们一分一分地存储下来，在关键的时候，也许就是救命的钱……

为便于大家理解，我给大家用数据举例，假如，我们每天只存 10 元钱，它完全不影响我们的生活，可一年存下就有 3650 元，然后，我们把这笔钱用来做 5% 的年复利理财年金保险投资（保证安全，2022 年 1 月收益），连续 30 年不间断。那您知道这每天 10 元钱最后会变成多少钱吗？

10 年本利为：45909 元【本金为：36500 元】；

20 年本利为：120691 元【本金为：73000 元】；

30 年本利为：242502 元【本金为：109500 元】

……

假如，你每天存 20 元、30 元、50 元、100 元、200 元、300 元、500 元……呢？ 你不经意间的一个动作，就为未来存下来百万乃至千万资金，以备不时之需……

	1	2	3	4	5	6	7	8	9	10	11	12	13	14	15	16	17	18	19	20	21	22	23	24	25	26	27	28	29	30
1	3650																													
2	3833	3650																												
3	4024	3833	3650																											
4	4225	4024	3833	3650																										
5	4437	4225	4024	3833	3650																									
6	4658	4437	4225	4024	3833	3650																								
7	4891	4658	4437	4225	4024	3833	3650																							
8	5136	4891	4658	4437	4225	4024	3833	3650																						
9	5393	5136	4891	4658	4437	4225	4024	3833	3650																					
10	5662	5393	5136	4891	4658	4437	4225	4024	3833	3650																				
									10年	45909																				
11	5945	5662	5393	5136	4891	4658	4437	4225	4024	3833	3650																			
12	6243	5945	5662	5393	5136	4891	4658	4437	4225	4024	3833	3650																		
13	6555	6243	5945	5662	5393	5136	4891	4658	4437	4225	4024	3833	3650																	
14	6883	6555	6243	5945	5662	5393	5136	4891	4658	4437	4225	4024	3833	3650																
15	7227	6883	6555	6243	5945	5662	5393	5136	4891	4658	4437	4225	4024	3833	3650															
16	7588	7227	6883	6555	6243	5945	5662	5393	5136	4891	4658	4437	4225	4024	3833	3650														
17	7967	7588	7227	6883	6555	6243	5945	5662	5393	5136	4891	4658	4437	4225	4024	3833	3650													
18	8366	7967	7588	7227	6883	6555	6243	5945	5662	5393	5136	4891	4658	4437	4225	4024	3833	3650												
19	8784	8366	7967	7588	7227	6883	6555	6243	5945	5662	5393	5136	4891	4658	4437	4225	4024	3833	3650											
																			20年	126091										
20	9223	8784	8366	7967	7588	7227	6883	6555	6243	5945	5662	5393	5136	4891	4658	4437	4225	4024	3833	3650										
21	9685	9223	8784	8366	7967	7588	7227	6883	6555	6243	5945	5662	5393	5136	4891	4658	4437	4225	4024	3833	3650									
22	10169	9685	9223	8784	8366	7967	7588	7227	6883	6555	6243	5945	5662	5393	5136	4891	4658	4437	4225	4024	3833	3650								
23	10677	10169	9685	9223	8784	8366	7967	7588	7227	6883	6555	6243	5945	5662	5393	5136	4891	4658	4437	4225	4024	3833	3650							
24	11211	10677	10169	9685	9223	8784	8366	7967	7588	7227	6883	6555	6243	5945	5662	5393	5136	4891	4658	4437	4225	4024	3833	3650						
25	11772	11211	10677	10169	9685	9223	8784	8366	7967	7588	7227	6883	6555	6243	5945	5662	5393	5136	4891	4658	4437	4225	4024	3833	3650					
26	12360	11772	11211	10677	10169	9685	9223	8784	8366	7967	7588	7227	6883	6555	6243	5945	5662	5393	5136	4891	4658	4437	4225	4024	3833	3650				
27	12978	12360	11772	11211	10677	10169	9685	9223	8784	8366	7967	7588	7227	6883	6555	6243	5945	5662	5393	5136	4891	4658	4437	4225	4024	3833	3650			
28	13627	12978	12360	11772	11211	10677	10169	9685	9223	8784	8366	7967	7588	7227	6883	6555	6243	5945	5662	5393	5136	4891	4658	4437	4225	4024	3833	3650		
29	14308	13627	12978	12360	11772	11211	10677	10169	9685	9223	8784	8366	7967	7588	7227	6883	6555	6243	5945	5662	5393	5136	4891	4658	4437	4225	4024	3833	3650	
30	15024	14308	13627	12978	12360	11772	11211	10677	10169	9685	9223	8784	8366	7967	7588	7227	6883	6555	6243	5945	5662	5393	5136	4891	4658	4437	4225	4024	3833	3650
																													30年	242502

图2-1 年复利理财投资回报率图

请记住，要做任何投资，必须要有本金，你的本金来自于哪里？就来自于平时的强制储蓄……

很多朋友说，一天存10元、20元没意思，我很想说，存总比不存好，人有几起几落，当我们落难的时候，救我们的大概率只有自己，俗话说"一分钱难倒英雄汉"，再想想"卖油郎的故事"。

请记住，日常强制储蓄，不要谈收益高不高，也不要在乎存下的本金少，每个人量力而行，重点要关注的是本金是否安全，其次，要确保有本金，说再多，你连本金都没有，谈什么投资理财、发家致富、跨越中产呢？

如何才能强制储蓄呢？

普通人：收入－支出＝储蓄

优秀的人：收入－储蓄＝支出

这两个公式，你仔细看，仔细想想区别。

大多数普通人，有钱时，就进行各种消费，享受及时行乐的快感，最后，每个月剩下多少钱再存起来……

优秀的人，有钱时，会先做预算，规划好储蓄计划，把钱强制储蓄下来，剩下的钱，再拿去支出、消费。当你把钱都存下来了，可支出的钱少了，自然就开始思考哪些东西不该消费，消费前更要规划这些是否为必需消费，这便是理财的基础能力，相信优秀的你，一定可以学会的。

第三章　节约、严控开支

第一节　节约的认知

节约：什么是节约？我给大家讲个通俗易懂的解释，所谓节约，就是该花的钱一定要花，不该花的钱一定不要花，可花可不花的钱，一定不要花。

那么什么是该花的钱？

该花的钱：维持生活必须要花的衣、食、住、行的钱；花了钱以后，能够创造价值，产生确定的收益，比如投资自己成长的，合理学习费用；生病以后，必须要治病救人的医疗费用；孩子上大学、出国留学必须花费的学费；父母没有收入，孝敬父母的钱等。

哪些是不该花的钱？

不该花的钱：过度地享受生活，比如：大量的奢侈品服装、鞋、包包、名表、珠宝、豪车、最新款电子产品等，除非有上亿的资产可以挥霍，否则不建议过度消费。人有几起几落，财富没有固定的主人，如果我们不尊重金钱，那么金钱也很容易离我们而去，其实，我回顾了一下，我身边很多亿元以上资产的老板，他们生活得非常低调，对奢侈品根本不迷恋，他们每天思考更多的是如何能够为社会创造价值,赚取更多的财富,且并不在乎个人的奢侈享受。

往往是很多小中产的个体,花钱如流水,为了体现自己的品位、社会地位,为了在中产圈、朋友圈中表现自己的价值,满足自己的虚荣心、安全感、被关注感,往往需要用奢侈品来武装自己……我们来讨论一下,如果通过你的穿戴,或使用奢侈品就尊重你的人,都是一些什么人呢?他们大多数价值观导向是以外表、金钱为主的,用这些庸俗表现来判断一个人的人,是没有深度的,那么这些人对你来讲,真的能给你带来价值和收获吗?实际上,真的对你有价值的是欣赏你为人处世、思维模式、言谈举止的人,只有认同你的价值观,才能懂得发自内心地尊重你……这类朋友才是你值得交往的朋友,而真的朋友,恰恰不在乎你是否使用的是奢侈品,我们的气场、思维,不是靠大量奢侈品武装的。可以有,但是不能过度。

什么是可花可不花的钱?

可花可不花的钱:就是还没有想好,这个钱花了以后,到底能给我带来什么价值,它介于不该花与该花之间,难以准确判断,如果出现这个情况,请不要冲动,睡一觉,第二天再做决定,第二天还没有想清楚,那就先放一放,多多思考,到底这个钱,花了能带来什么价值?这个钱不花,如果用于投资,用于强制储蓄,哪个决策更有价值呢?多多思考,三思而后行,逐步你就能掌握这个判断标准了。

为什么要给大家讲解金钱应该怎么支出?

因为，我和我夫人在大量的财富风险管理的案例中，发现很多家庭其实年收入都超过百万，有些甚至上200万，按道理，这样的家庭收入在现阶段的我国，应该是非常高的了，但是，梳理他们的家庭开支后，我们发现，一年到头居然存不下什么钱，这个结果让我们感觉非常可惜，来找我们咨询的客户，年龄跨度、阶层跨度都非常大，有普通的小中产、中产、高净值人群、超高净值客户，我们在与他们交流的过程中，大部分都会回顾他们过往的财富积累过程，通过与他们多次交流，我们会看见他们过往财富的跌宕起伏、波澜壮阔……

你会发现高净值、超高净值的人群都有一个共有的特质，就是他们非常尊重金钱，绝对不会浪费每一分钱，一定要让金钱发挥它创造财富的价值，我前面的话，可能说得比较重，请原谅，我是真心希望大家能懂得尊重金钱，不要浪费，当你越懂得尊重金钱，你就会越来越有钱。

为了让大家理解不追求过度消费，把钱存下来以备不时之需，这里我给大家讲一个"饱时不忘饥时苦，富贵常记贫贱寒"的故事，希望有助于大家理解。

姬昌（公元前1152年—公元前1056年），姬姓，名昌，周太王之孙，季历之子，周朝奠基者，岐周（今陕西岐山）人。姬昌，史称周文王。在位50年，是中国历史上的一代明君。

很久以前，周文王出外访贤，途经一所村庄，觉得肚子饥饿，口中发渴，实在难忍，就坐在大树下休息。

正巧，一位农妇，手提一瓦罐稀饭，从这里路过。周文王连忙问农妇道："大嫂手提稀饭，去哪里呀？"农妇告诉周文王："丈夫在田间劳动，时已过午，去给他送饭充饥解渴。"

周文王又饥又渴，见了瓦罐里的稀面糊糊，肚子"咕咕"叫得更厉害了，嘴里不觉流了馋涎。他请求农妇，让些给他充饥解渴。农妇把手里的瓦罐递给他。周文王饥不择食，大口大口地吃了下去，顿时精神爽快，口中余味无穷，觉得比皇宫里的山珍海味还要香甜可口。

他谢了农妇，问道："大嫂，这稀面糊糊是什么粮食做的？这么好吃。"

农妇告诉他："春荒三月，青黄不接，只有芒麦成熟得早，用它救急，搭救性命。"周文王点点头，称赞芒麦的功劳最大，说它在所有的麦子中，应该占首位，以后就改名大麦。

正在田间劳动的丈夫，见日头偏西，妻子还不送饭来，就丢下手中的农活，回家吃饭。走到半路上，老远看见妻子与一个过路客人说话，随后妻子又从客人手中接过瓦罐，转身回去了。丈夫便以为妻子行为不端正，气得火冒三丈，追赶上去，抓住就打。

周文王看在眼里，心里很是过意不去，想上前去辩白几句，又不知从何说起。丈夫发完脾气，回到田间去了，农妇回家重新为丈夫做饭。这时，周文王尾随农妇，抱歉地说："是我不该吃了你丈夫的饭食，害你遭了打骂。"

这农妇很会说话，她说："客人莫见怪，我丈夫不是小气人，他怪我有失礼貌，没有把客人请到家里去招待，才打了我的。"

听了农妇的话，周文王思忖道："我专程四下里访问贤德人，眼前的农妇和她丈夫不就很贤德吗？"周文王便解下一根玉带，递给农妇说："大嫂今后若遇急难，就拿上这根带子到京城去找大王，他会帮你解危的。"说完扬长而去了。

周文王回到京城，想起路途吃的大麦面糊，很香甜。就吩咐御厨做给他吃。他吃了几口，觉得味道又苦又涩，淡而无味，远远不及路途上那农妇做的好吃。

一晃三年过去了，那位农妇的家乡遭了天灾，实在无法谋生度日，才想起吃大麦面糊的客人留下的一根玉带来。夫妻便带上它，沿途讨米要饭，去京城找大王。

到了京城，周文王召见了他们夫妇，安置在皇宫住下，并当着满朝文武官员封夫妻俩为"贤德人"。

一日，周文王又想起那顿大麦稀面糊糊来，传旨农妇为他做。农妇做了大麦稀面糊，端给周文王。周文王尝了几口，觉得很不好吃，问农妇是什么原因，农妇告诉周文王说："饥时糠也甜，饱时肉也嫌。"周文王听后拍案称好，说："<u>贤德人使我明白了一个重要道理：饱时不忘饥时苦，富贵常记贫贱寒。</u>"

周文王不仅听取这夫妻俩的忠言，他还广招天下贤德人，并且重用他们。<u>周文王把这种美德一代一代地传了下去，从而使周朝江山稳坐八百年。</u>

在有钱的时候,要想到没钱花的痛苦。

赚再多的钱,不控制支出,留不下财富,等于零。

要想家庭财富稳步增加,最终跨越中产,一定要学会控制支出,增加储备。

第二节 支出的分类

一、刚性支出

管理家庭事务的家人,建议每个月都要对家庭必要开支做详细的记录,每个月月底做总结分析。每年12个月,年底时再把这12个月开支汇总,就成了一年刚性支出的记录,一一查看分析,每个月的实际支出是否与月初计划的支出有出入,如果有出入,那么就要调整计划支出,控制消耗的费用。

表 3-1 家庭日常:刚性开支表

编 号	家庭日常: 刚性开支—科目	月计划金额	实际金额
1	生活费—厨房支出		
2	特殊食材费用		
3	生活费—洗漱用品		
4	家庭能耗—水电气		
5	收视费—通话费—网络费		
6	房贷—月供		
7	车贷—月供		
8	送礼		
9	其他开支		

对于特殊食材的需要花费,在表中简单说明一下。一般选择绿

色标准的食物就很不错,真正的有机食材,太少太少,很多都是打着有机的幌子,卖出高价,如果在这上面花高价购买有机食材,值得注意。

二、学习型支出

对孩子、对自己的教育的投资,永远是回报率最高的投资,这里千万不要吝啬钱,关键在于是否选择到最适合孩子,或者自己的学习内容,还有,对于孩子的培训内容,要注意循序渐进,不要同时选择多类学习产品,要和教育专家,尤其是孩子的科任老师多多交流,了解孩子在各年龄段应该学习的内容和适合孩子自身的内容,这样才能有计划、阶段性地增加孩子的学习内容,同时,要防止孩子学习的东西太多、太杂,产生厌学的心理,既浪费钱,效果又不好,那就得不偿失了。

表 3-2 教育/知识性年支出表

编 号	教育/知识性年支出	年计划金额	年实际金额
1	孩子各类补习班:美术、英语、游泳、主持、舞蹈、钢琴、围棋、科学、武术……		
2	家庭经济支出再教育学习:MBA教育、亲子学习、新技能培训、营养学、财税、法律培训、金融知识培训……		
3	其他支出		

三、风险保障类支出

现代家庭,尤其是中产家庭,一定要高度重视风险控制。风险控制住了，就是增加财富，风险没有控制住，一旦发生风险，就是高额负债，请记住：

存钱的速度，永远赶不上发生风险后损失钱的速度！

所以，一定要学会用保险，加杠杆来转移风险。中国目前有140多家保险公司，每个公司都有几十款产品，加起来市面上一共就有上千款产品，它们能解决16大类，30多项风险点，但如何选择适合你的保险，这个很重要……

> 你只有正确识别当下面临的风险点，在不同的时期、根据不同的家庭结构、经济状况、风险等级等需求，按照一一对应原则，把风险与保险产品一一对应起来，才能正确识别、转移风险，否则，即使买的保险再多，也不能把保险的价值发挥到最大化。
>
> 相信每个家庭在未来的几十年里，一定会需要一位专业的保险规划师，他应该具有以下特征：

1. 这个人一定要是在顶级的大保险公司任职，只有实力强大的保险机构，才能跨越世界经济周期、行业经济周期，以及规避投资的陷阱，才能有能力保障你未来几十年的财富安全。

2. 这个人一定要专业，能准确分析风险，给你匹配合适的保险工具，做到成本最低。

3. 这个人一定要有优良的品德，你可以平时多考察这个人的品性，他不能唯利是图，否则在选择保险产品的时候，很容易将对自己利益大的产品推荐给客户，但这个产品对客户来说不一定是最佳的选择。

4. 这个人要专注：如果这个人对保险职业，没有职业荣誉感、职业自豪感、使命感、责任感，也没有信仰，经常搞搞这个，搞搞那个，对保险行业都不专注，那他会是专业人士吗？还能对你们全家人的未来保障负责吗？

表3-3 风险类保障保险的顺序表

编号	保障保险配置顺序	应保保额（金额）	实际保额（金额）
1	第一步保障保险：医疗险、重疾险、意外险、家庭财产险、车险、学平险		
2	第二步保障保险：教育险、终身寿险		
3	第三步保障保险：养老险、理财险		
4	第四步保障保险：投资链接保险		
5	第五步保险传承：保险金信托、家族信托		

表面上看，保障保险是支出，但是，实际上这个支出是在增加资产、增加收入，保险也就是等于换个地方存钱，区别就是如果是存在银行，银行会提供利息，且本金安全（50万元以内存款），其实，存在保险公司的本金更加安全，关键是，选择正确的保险保障以后，它还能加几十倍、几百倍的杠杆，帮助我们转移风险。哪怕没有风险，这个钱仍然在保险公司里（储蓄型），需要的时候，还可以把钱贷出来使用（现金价值），可谓一举多得，所以，中产家庭一定要高度认识到，正确匹配保险的重要性。

第四章　控制风险　增加财富

本章重点讲解影响财富增加的风险，在理财行业中，这是一个全新的观念，我们很少看见哪位理财专家，把风险管理纳入财富管理里面，但是，根据我们的实际经验，这些风险因素会高度影响着财富的增加，所以，**要想让财富持续稳定、安全地增加，首先要管理好风险**，否则就像"猴子掰玉米"，一边赚钱，一边漏钱……但风险管理不好，比漏钱更可怕，可能还要倒贴，不但不赚钱，还要背上一身债务。

下面就让我们一起来识别一下哪些风险会影响财富。

第一节　失业风险

失业，这个问题想过没有？

如果你现在过得非常好，看似收入稳定，那么，你有想过有一天突然失业，没有收入了怎么办？

哪些因素会影响失业，我列了以下几点：

1. 行业调整：绝大多数行业3—8年为一个周期，尤其是新兴行业，来得快、去得也快，面临行业调整，个人的能力就显得非常渺小。

2. 公司经营不善：尤其是在民营企业工作的朋友要注意，看看身边，10年、20年前，多少优秀的民营企业如今面临破产、清算、入不敷出的情况，苦心经营10年、20年，只要一个错误的投资决定，就可能让一个企业走向衰落。

3. 整体经济发展中不确定性因素增加：中国改革开放40年来，走完了西方资本主义国家近200年的发展历程，随着房地产行业的不断调控，数十个行业的发展受到影响，在新的技术革命、产业机会没有形成以前，在未来相当长一段时间内，经济都将震荡前行，在这样的经济大环境中，各行各业的发展都会增加不确定性。

4. AI人工智能的发展：随着互联网技术、物联网技术、人工智能技术的发展，未来几乎所有简单、重复性、可编程的工作将全部被"机器人"替代，因为，企业不交社保，长期成本更低，也不存在情绪的管理成本，且"机器人"服从管理和命令，效率更高。你一定要注意观察，你所在的行业、公司、岗位，有没有被AI人工智能替代的可能性，并提前未雨绸缪。

5. 百岁人生来临，更多应该退休的老人可能被迫再次进入职场，挤压年轻人的就业空间：这些退休老人或多或少都有国家发的养老金，当他们再次进入职场，支付给他的工资会更低，而且用人单位还不用交社保，面对人力成本更低的退休老人，你的岗位有没有可能被替代？

6. **夹心层**：45—55 岁年龄段的个体失业风险会更大，下有年富力强的年轻人，上有 60 多岁的退休返聘人员，他们的用工成本都比 45—55 岁的人员要低得多，假如，突然有一天，你被替代了，怎么办？

很难有稳定的工作，确保我们几十年收入持续增加，未来的公务员都可能面临失业，那么，应对失业我们应该做好哪些准备呢？建议：

1. 平时干好本职工作的同时，多向本公司其他岗位的同事学习，要具备多岗位、交叉上岗的能力，没有哪个老板愿意换掉一个多面手。

2. 利用业余时间，多多提升个人能力，增加自己的无形资产（在前面的章节中，我重点讲述了如何增加无形资产），应对突然失业的自己，增加自己再就业的砝码。

3. 要多多增强与人打交道的能力，凡是需要与人交流的工作，有人情味，有温度的工作，是不容易被冷冰冰人工智能替代的。

4. 平时多存钱，多配置资产，当你的资产性收入，比如自己（核心地段）的房屋出租收的租金、保险每年返还的生存金、每年其他稳定返回的收入等总额，超过每年家庭的总支出的时候，这个时候，你就可以从容应对失业的风险。

第二节 健康风险

中产家庭靠什么赚钱？

请记住：中产家庭，靠人赚钱，你一定要认识到，财富的源头一定是人，人是创造一切的根源，那么，要持续创造财富，首先，要思考如何"保护好自己"，俗话说，"留得青山在、不怕没柴烧"，只有人在，具备持续创造财富的能力，才能不断地拥有更多财富。

所以，中产家庭靠人赚钱，在任何时候，必须确保全家人，每一个人都有"保命"的钱！

人吃五谷杂粮不可能不生病，只是时候未到。

我见过各种理由说自己身体很健康的，诸如我们家里人懂医术；我只相信中医，平时调理好，绝对不会生病；我在学道家养生、辟谷、修心、修道，绝对不会生病；我们家都是长寿的基因，家里老人都是90多岁，身体好得很，我们都不会生病；我们孩子还小，不可能生病的……每次听到这些，我都只能默默地祝福。

多去各地的医院看看吧，尤其是儿童医院的住院部、肿瘤医院的住院部、各大三甲医院的住院部……看看就会明白人间百态了。

疾病和意外是不确定事件，防不胜防，只是我们不知道什么时候发生，也不知道疾病暴发的程度，更不知道意外发生的后果……

如果我们发生疾病、意外伤害，怎么办？

社会医疗保险：国家通过立法形式强制实施的，由雇主和个人按一定比例缴纳保险费，建立社会医疗保险基金，支付雇员医疗费用的一种医疗保险制度。社会医疗保险指劳动者患病时，社会保险机构对其所需要的医疗费用给予适当补贴或报销，使劳动者恢复健康和劳动能力，并尽快投入社会再生产过程。

社会医疗保险是国家给予我们国民的医疗福利，是非常好的，虽然其中险种不同、缴费金额不同，报销的比例也有所不同。但是总的来讲都是报销社保目录内的项目，甲类药约700多种全额报销；乙类药约1800多种部分报销；丙类药约18万种、进口药约9000种均属于自费药，都不报销。如果是小病住院，而且住的是小医院，那么社保医疗报销甲、乙类比例可以达到50%－80%左右；如果是大病，根据疾病种类不同、生病的程度不同、住的医院不同等因素，涉及要用大量进口药、自费药、靶向药、微创手术等治疗方式和手段时，那么这些都是自费项目，社保报销比例就不会太高，大约在20%－55%（各地略有差异）。

我们国家每年都在想办法降低医疗成本，让老百姓看得起病，但是，在过去十多年，每年的医疗通胀远远高于通货膨胀率，而且，如果想拥有更好的药物及治疗手段，缩短手术康复期、减少药物副作用，你就要使用更多的自费项目，比如：进口药、自费药、靶向药、微创机器人手术、免疫疗法等，而这些，国家普惠医疗不可能报销，只能是自费，这些药物、免疫疗法，少则要花费几十万、多则花费上百万。前段时间就有120万元一针的阿基仑赛注射液，这是国内首款 CAR-T 细胞疗法新药，主要治疗弥漫性 B 大细胞瘤，患者注射后 2 个月，癌细胞清零。假如家人患病时，有药物可以治疗，但是家里没钱，这就是很悲哀的事情。

所以，**家庭财富风险，首先要考虑控制住**，全家人未来几十**年医疗保命的钱，必须要有**，按照 2022 年保险标准，成年人通常 1 万—2 万元/年；儿童 0.5 万—1 万元/年，主险最多投入 20 年左右（附加少量、小险种需要缴费到身故），保障终身，就能够给每个家人，每年获得 1000 万—1500 万元的全面医疗保障保险，其中，涵盖了小、大意外险；大、小住院医疗报销保险；重大疾病多次赔付保险；出院康复期靶向药保险；全球最新药物器械保险（如果你有医疗保险，也要注意，每过 2—3 年，你一定要梳理保单，看看有没有漏保、脱保的，还有没有需要优化的，记住，你要及时优化调整，否则，一旦出险就麻烦了……）。

你觉得，当发生重大疾病时，你是有保险公司给你的 1000 万—1500 万元的保障好呢，还是靠自己慢慢存款更好呢？

所以，**在健康时配置好保险，用小钱撬动高杠杆**，而且，这个钱大部分还是**储蓄型**的保险，一举多得，多向你身边专业的保险规划师咨询，这个钱可不能节省。

第三节　教育风险

我们所有的父母，都希望孩子学有所成，考上名校，乃至出国留学,从小就把孩子当"鸡娃"养,每天都在给孩子上各种补习班,不停地学习、学习、学习……

这背后的风险,你思考过吗?

据网上的新闻,上初中、高中的孩子因为考试成绩不好,就要跳楼;学习压力大,也要跳楼;受了委屈,还要跳楼……

当然,我相信这些都是个别现象,我想说的是,各位爸爸、妈妈,你们一定要关注孩子的心理成长、思维成长,这个比学习成绩,比考上重点学校重要一万倍。

孩子都是在陪伴、鼓励、肯定、欣赏的环境下成长的,尽量不要经常打骂、压迫、大吼大叫。当他(她)写作业慢、反应慢、重复犯错、累教不改的时候,我相信你会很生气,那么,我希望你在愤怒、想要动手打孩子前,请一定深呼吸,想想宝宝才出生的样子,想想宝宝才走进幼儿园的样子,想想宝宝读一年级,你第一天送他(她)上学的样子,想想每天除了读书做作业以外,他(她)和你在一起的快乐时光……

当你对孩子特别生气的时候,我希望你把更多的注意力放在如何解决问题上,而不是在你自己的情绪和他(她)已经犯的错误上。坏脾气不仅像一把乱挥的锤子,破坏当下的一时一事,它更像弥散的有毒气体,对你和孩子产生深远而广泛的伤害。所以,请一定要懂得珍惜宝宝,放平自己的心态,陪伴好孩子的成长,只要你拿出耐心与爱心,我相信孩子不但能改正这个错误,同时也能收获情绪的价值。面对孩子不明白的道理，我们可以反复讲解给孩子听，尊重他，用平等的眼光和态度与他对话，不要趾高气昂，不要居高临下，这样你才能走进孩子心里，帮孩子顺利度过青春期。

如果还不理解，请结合第二编第九章"家族文化传承期"中，把自己带到30年以后，想象你老了的时候，怎么教育孙子，你就明白我讲的了。

如果孩子读书很厉害，有希望考上重点学校，或者可以出国留学时，这时的你想把孩子培养成全球精英，你会准备怎么培养？

俗话说，"读万卷书不如行万里路，行万里路不如阅人无数"。在注重孩子学习成绩的时候，更要注重孩子视野、思维格局和眼界的开拓，在不同的年龄，给孩子树立不同的学习目标和人生目标，你要学会，**在孩子心中种下目标，提高孩子感知世界的能力，**逐步把孩子从为父母学习、为父母考试、为父母争光，**转变孩子思想，要为自己学习、自己要成为全球精英，自己要为国家、为社会做贡献的人的思想转变。**

怎么做呢？我给你一些建议：

1. 多陪伴孩子，每天从生活点滴开始影响孩子，一旦发现孩子偏离方向，要及时引导，纠正。

2. 多带孩子看看祖国的大好山河，拓宽眼界和视野。

孩子上一、二年级时，你们可以一起去海南三亚、广州长隆、上海迪士尼等，这期间，就充分享受你们的<u>亲子时间吧，因为孩子的任务就是多多玩耍，和你享受无学习压力的快乐时光</u>……

孩子上三、四年级时，你可以带着他（她）去内蒙古感受草原的辽阔；去新疆感受异域的风情；去敦煌莫高窟感受历史的沉淀，用自己的双足在沙漠中徒步，感受在沙漠中行走的力量；去贵州天眼景区，探索外太空的奥秘，感受宇宙的浩瀚，开拓孩子的胸怀……这个阶段的重点是<u>让孩子感受祖国地域的辽阔，天南地北不同的风土人情，并让孩子爱上大自然、爱上祖国的大好河山，爱上生命，对生活充满希望和激情</u>……

孩子在五、六年级时，你可以充分利用寒假、暑假的时间，带孩子一起走走中国的名胜古迹；或者，你们一起去北京看看升国旗仪式，看看天安门广场和阅兵式，去故宫看看，去清华、北大的校园看看，让孩子感受下祖国的强大和兴盛，感受中国悠久的文化历史，在孩子心中种下努力学习、为国奉献的种子，心怀祖国，与祖国一起成长。同时，也可以去上海、广州、江苏、深圳等地方参观科技园区，感受现代科技和现代城市的魅力，为孩子的梦想插上翅膀。此外，复旦大学、上海交通大学、同济大学、南京大学、中山大学的参观经历也能帮助孩子感受国内大学浓厚的学习氛围和各具特色的办学理念，为孩子植入努力学习的目标。

注意：小学阶段时，<u>建议夫妻共同全程陪同孩子度假，这是</u>

加深与孩子互信的黄金期。在旅途中，有意识地训练孩子的社交能力、组织能力、管理能力、领导能力、照顾人的能力、自己照顾自己的能力、抗压能力、受挫折的能力，拓展孩子的认知边界，这些能力都是学校很少涉及的学习内容，也是作为家长应该做的……孩子只有在这个阶段建立起了对父母的信任，在初中、高中，甚至进入青春叛逆期时，才能和父母平静地沟通，并在父母引导下，顺利度过。

3. 在孩子初中、高中阶段，也就是12—17岁时，你可以带着孩子去感知更广阔的世界，多走出国门，多去看看这个世界，这有利于建立孩子的全球视野、国际化思维格局。具体怎么看世界呢？我给你一些建议作为参考。

如果孩子性格比较中规中矩，不太喜欢冒险的运动，并且他（她）又不想离家太远，那么你可以带他（她）参观中国的邻国，比如日本、韩国、新加坡等，让孩子感受不同国家的政治、经济、人文，还可以重点参访日本东京大学、京都大学，新加坡国立大学等。

如果孩子喜欢金融、喜欢科技、喜欢数学，那么建议你们可以去美国、德国、俄罗斯等国游学。美国是世界的金融中心、科技中心；而俄罗斯莫斯科国立大学是全球数学最牛的大学之一；如果想孩子在制造业领域有所发展，那么建议你可以去德国看看，像德国这样严谨的制造业强国，相信孩子一定能在那里有所收获。

如果孩子喜欢艺术、美术、服装设计等，那么建议他（她）

去意大利、法国等国游学。这些国家是世界著名的文化、艺术汇聚地，能够为孩子提供很好的发展环境和资源。

如果你打算把孩子培养成更加独立、具有责任感和自信心，个性发展的同时，富有创造力和激情的全面发展的社会个体，那请一定要注重孩子批判性思维的发展和自我发展能力的培养，把握住时代性和科学性，用自己的行动和思维，用适合尊重孩子的教学方法影响孩子的行为和意识。

总之，12岁以后，可以带孩子走出国门，放眼去看看世界。这个过程中，孩子会慢慢地感知和认知这个世界，逐步感受到"我到底要什么"，你也可以根据孩子的兴趣爱好、特长选择适合他们的学习方式和内容。这里也只是抛砖引玉，具体的，你可以多听听其他家长、老师和专业人士的建议和经验，多参加一些相关的讲座和学习，相信有所准备的你，在关键时候能给孩子很好的建议。

一个人事业上再大的成功，也弥补不了教育子女失败的缺憾。

——李嘉诚

我们作为父母，要做的就是做好准备：

通过以上引导，给孩子种下目标，如果孩子通过努力学习，考上了较好的大学，作为父母的我们，提供必要的资金给予支持。如果因为没有钱交学费，而耽误了孩子的未来，那个时候，我们会后悔莫及，所以教育金一定要提前准备，从知道教育金的重要性开始，你就要尽早准备，否则可能来不及。

　　注意：孩子高三时可能花费比较大；如果他选择出国留学，按照市场行情，2022年留学美国至少55万元/年，欧洲及其他国家大约45万元/年，英国大约75万元/年，新加坡大约35万元/年；如果孩子选择在国内读大学的话，一年的花费大概在10多万元。当然，这些只是上大学的基本费用。

　　如果孩子不喜欢读书或者是有阅读上的障碍，你也不要气馁，那我们就尊重孩子的选择，同时也要注重孩子的德行、艺术爱好等方面的培养，让孩子成为对社会有用的人，不给他人添麻烦的人！孩子就在我们身边，好好地陪伴我们，照顾我们也很好；我们准备好的教育金用不上了，那可以把它作为孩子的婚嫁金、创业金，为孩子进入社会奠定一定的基础，也是不错的。不管未来如何，我们提前给孩子做好基础保障，总是好事。

第四节　婚姻风险

　　孩子20多岁初入社会时，我们要多多给予孩子有关择偶的建议。近几年，我们发现中国的结婚率和离婚率都有了大幅度的改变，结婚率不断下降，离婚率却持续走高。这其中有多种因素的影响，有研究发现，现代社会部分年轻男女喜欢闪婚，他们在还未完全了解彼此、感情基础还未稳固的情况下就走到了一起，这样缺乏感情基础，磨合期较短，彼此间存在较大差异的婚姻，是造成离婚率升高的原因之一。在这里，建议年轻人多看看前面第二章第四节"增加和谐资产—如何让夫妻成为一辈子的情人"的内容，希望对你建立家庭，找到合适的伴侣有所帮助。

但是，离婚这个风险是存在的，如何规避自己及家人出现离婚风险，导致财产损失呢？

1. 在孩子结婚之前，有些父母会将大量的房产、公司股权过户给孩子，或作为婚前财产赠予给孩子，以免婚后形成共同财产，造成离婚的时候被分割；这个不是最好的办法，当这些资产转移给孩子，意味着你失去了部分控制权；这些资产增值的部分，以及产生的收益，仍然属于夫妻共同财产（《中华人民共和国民法典》第五编"婚姻家庭"第1062条）；如果孩子出现身故风险，则所有财产是孩子的遗产，那么他（她）的配偶享有继承遗产的权利（《中华人民共和国民法典》第五编"婚姻家庭"第1061条），配偶首先分配50%，剩下的由孩子第一顺序继承人平均分配，出现这样的极端风险，可能最后就只有10%－20%的资产回流到自己手里（《中华人民共和国民法典》第六编"继承"第1127条）。

2. 如果给孩子预留一笔专款专用的现金，在夫妻俩感情好的时候，需要钱的时候，两个人之间只要该账户有往来交易记录，则账户内的现金，很容易造成资产混同，离婚一样要求被分割。

3. 婚前给孩子买豪车，用几年车旧了，只要卖出，再购买，也同属于婚内财产，造成资产混同。

4. 婚前做财产公证，这个目前太难了，也伤感情，不太让人接受。

5. 金额较大的，给孩子提前设计家族信托，这个是可以的，但是最少需要1000万元现金起步。

6. 签署《婚前赠与协议》，这是方法之一，但是需要在非常专业的家事、婚姻律师的指导下完成，否则，容易有争议。

7. 给孩子配置保险单：

1）自己作为投保人，拥有保单的控制权（将来10年、20年、30年以后，孩子感情稳定了，可以把投保人变更成孩子本人，让孩子自己控制），孩子离婚，资产属于你的，永远不会被分割（《中华人民共和国保险法》第二章"保险合同"第十条）；

2）孩子作为被保险人，按照中国大陆的法律，被保险人一经确定不可更改、不可撤销，直到合同期结束为止，通过这样的方式，也可以把大量的资金、资产给到孩子，且都属于孩子的婚前财产，在法律上没有任何争议；

3）自己作为被保险人，当我们离开这个世界的时候，孩子作为受益人，会得到我们的受益赔偿金，这笔资产永远属于孩子个人的独立资产，也归属于孩子独立支配，任何单位和个人不得非法干预受益人获得保险赔偿金（《中华人民共和国民法典》第五编"婚姻家庭"第1063条《中华人民共和国保险法》第二章"保险合同"第二十三条）；

4）孩子是生存金领取人：孩子是被保险人，即使在他（她）结婚以后，这份保单每年产生的收益、返还的生存金只能是孩子领取，其他人没有权利领取（《中华人民共和国保险法》第二章"保险合同"第十二条），让孩子经济独立，人格才独立，孩子才不会为了钱，而失去尊严；

5）受益人变更：可以是自己和自己配偶；如果孩子和他（她）的另一半感情好，那么结婚以后，也可以设置为儿媳妇或者女婿；等孙子、孙女辈出生以后，可以把受益人改为孙子、孙女辈，实现财产的递延传承（《中华人民共和国保险法》第二章"保险合同"第二十条）；

6）身故受益人：当出现被保险人先于自己身故的极端情况时，自己作为身故受益人，孩子的身故赔付金又回流到自己手里，实现逆向传承（《中华人民共和国保险法》第二章"保险合同"第四十条、第四十二条），届时是留给孙辈，还是自己安享晚年，可根据情况再定。

通过给孩子配置保险单来防止因婚姻风险导致的财产损失，这是上上策，没有争议，不用看谁的脸色，也具备很高的隐私（安全）性。同时，又充分地体现给予孩子们的爱，让孩子们的感情更加纯粹，没有压力，没有危险（给孩子显性资产太多不是好事）。

第五节 养老风险

养老有什么风险呢?

关于养老风险,最经典的话莫过于:"人生最大的悲哀就是,人活着,钱没了。"

这里,我推荐大家看一本书,由琳达·格拉顿和安德鲁·斯科特所著的《百岁人生》,这本书介绍了人类基因的演化和相关的大量数据调查;还有干细胞、免疫细胞、生物工程、前沿医疗的大量应用;营养学、预防医学、基因技术应用,对疾病的极早期探测,未来极早期干预及治疗技术的大量应用……这些证据充分证明,人类即将迎来百岁人生。

1957 年出生的人,大概率可以活到 89—94 岁;

1967 年出生的人,大概率可以活到 92—96 岁;

1977 年出生的人,大概率可以活到 95—98 岁;

1987 年出生的人,大概率可以活到 98—100 岁;

1997 年出生的人,大概率可以活到 101—102 岁;

2007 年出生的人,大概率可以活到 102—104 岁;

从细胞学研究看,人类应该活到 120 岁才是合理的。

那么我们寿命增加了,养老的钱从哪里来呢?

其实,看看我们的邻国——日本,那里的百岁老人就非常多,日本 NHK 电视台在 2016 年推出了一部纪录片叫《老后破产》,你可以在网上搜搜看看,了解下百岁的人生将要面对的养老风险。

老年生活，或者在不同的年龄段，对养老的需求均不同，详细的内容，请看"第二篇　人生各阶段重点关注与应对措施"中有关于老年详细的内容。

每个人都会变老，人老了以后，赚钱的能力会下降，甚至消失，但是，老了以后，你会发现花钱才刚开始。慢性病，比如高血压、糖尿病、冠心病、关节病、风湿病，还有各种康复理疗，都需要持续性地花钱，可是，收入没有了，花钱反而变多了，请问钱从哪里来呢？

养老资金保障的来源：

1. 国家的社保养老金

居民未来大概率会在 60 岁、65 岁退休，我国的个人养老金政策是，国家考虑到老年人对社保的缴费情况，给予离退休人员一定数量的养老金，使其能够保障基本养老生活。

第一，总的来讲，1996 年以后工作的，平均养老金替代率为 20%—40%（全国各地略有差异），也就是说，工作期间，你平均工资是 1 万元 / 月，那么退休以后大约会每月领到 2000—4000 元，即养老金替代率为 20%—40%；显然，这笔钱要比退休前低很多。

第二，据资料《泽平宏观：中国人口老龄化的五大趋势》显示，"十四五"时期的人口老龄化压力比"十三五"时期要大。1962—1976 年婴儿潮人口将在 2022—2035 年进入老龄化。人口老龄化已成为全球普遍的现象，但据调查中国人口的老龄化规模大、程度深、速度快。

中国人口老龄化趋势将呈现五大特点：

1）老年人口规模庞大。2020年我国65岁以上老龄人口达到1.91亿，占总人口比重的13.6%，全球每4个老年人中就有一个中国人。预计到2057年，中国65岁以上的人口将达4.25亿的峰值，约占总人口比重的32.9%—37.6%。

2）老龄化速度快。2001年中国65岁以上人口超过7%，标志进入老龄化社会，用了21年的时间即2022年步入深度老龄化，65岁及以上人口占比超14%，此比例还在逐年上升，时间短于法国的126年、英国的46年、德国的40年。

3）高龄化、空巢化问题日益突出。2020年中国80岁及以上人口达到3660万元，预计2050年将增至1.59亿，高龄老人可能面临更为严峻的身体健康问题和心理健康问题，空巢老人和独居老人的增长将弱化家庭养老的功能。

4）老年抚养比大幅上升，养老负担加重。2020年老年抚养比为19.7%，预计2050年突破50%，意味着每两个年轻人需要抚养一位老人。抚养老人和养育小孩成本高昂，年轻人两头承压。

5）未富先老。中国人均GDP接近发达经济体下限，但13.6%的老龄化程度已经超过中高收入经济体10.8%的平均水平，将面临经济增长和养老负担双重压力。

(上述信息摘自泽平宏观《中国老龄化研究报告2022》)

"对不起,我设计的社保,尚不足以应对你的养老危机!"

——杨燕绥

杨燕绥,清华大学公共管理学院双聘教授、博士生导师、社会政策研究所所长、就业与社会保障研究中心主任;中国社会保险标准委员会委员,人力资源和社会保障部、民政部等政府部门的专家委员会委员;中国国际医疗保险联盟主席,《社会保险法》(社保)编著人。网络上有很多杨燕绥教授关于养老的解读,请大家自行登录网络查询,加深对养老的认知。

养老压力越来越大,请早做准备。

2."我预留房子,以房养老"

据了解,众人并不看好现在的房产市场,房子的售卖都有价无市,那么,过10年、20年、30年、40年以后,房屋内外结构老化、物业管理品质降低的房子还有谁会来购买呢?

房屋出租:人们日常生活离不开衣食住行,对于刚毕业的学生、外来打工人员或生活比较困难的家庭来说,较为廉价的租房是一种较好的选择。国家为此出台了一系列政策,比如提供保障性住房——公租房,《民法典》也对房屋设置了居住权,居民们可以用较为低廉的价格租到适合的房屋居住,这些政策极为有效地改善了城镇中低收入的困难群众的住房问题,实现了千万百姓的安居梦。所以,在随着未来劳动人口的下降,选择进城务工人员或许也会减少的情况下,租房需求减少,未来靠房屋出租养老,能行吗?

3. 预留公司股权，分红养老

公司的经营涉及行业因素、人为因素、投资风险因素……这些不可控因素太多了，尤其随着年龄的增加，个体不但身体会衰老，学习能力与认知能力会变得退化和下降，所以，不能把养老寄托在不可控因素上。

4. 商业养老保险

商业养老保险，是个人根据自己的性别、年龄、资金，选择领取年龄、领取方式（月领、年领，保证领取20年，超过20年后直到终身领取），按需定制，专属于自己一生，与生命等长的持续现金流。

商业养老保险的特性：一定要尽早投入，投入时间越长，保险公司把资金用于投资的收益就越高，领取养老金就越多；比如30岁与50岁的人，用同样的钱同时准备购买养老险，直到退休，这时他们领到的金额差距非常大。商业养老保险公司的选择：在可以多方选择的情况下，最好选择股东背景强大、经营历史悠久的大型商业养老保险公司，他们在未来几十年抗风险的能力、经营投资的能力会更强，投资分红也相对更有保障。

未来自己的养老金越充足，选择性和话语权就越大，掌控力也会越强，同时，还能增加安全感和尊严感。

第六节　继承风险

继承，对于成员结构较为简单，且家族资产规模不大的家庭来说，继承风险相对较小；

假如，继承关系较为复杂，请一定仔细研读《民法典》的相关内容，篇幅有限，这里重点提几个注意事项：

1. <u>指定受益权＞债权＞遗产继承权</u>：遗产继承以前，要先将遗产用于归还其本人生前债务，因为债权大于遗产继承权，继承人如果放弃继承的，对被继承人依法应当缴纳的税款和债务可以不负清偿责任；

注意，<u>保险单的指定受益权</u>，大于债权，如果保险的身故赔付金指定了受益人的，则其身故以后，身故赔付金属于指定受益人所有，其赔付金不用于偿还债务。

2. 《民法典》继承编遗产继承第一千一百六十三条规定，既有法定继承权又有遗嘱继承、遗赠的，由法定继承人清偿被继承人依法应当缴纳的税款和债务；超过法定继承遗产实际价值部分，由遗嘱继承人和受遗赠人按比例以所得遗产清偿。

有关遗产税、赠与税等问题，在大部分发达国家早已开始征收，并以此来解决贫富差距的问题。以下为各国征收遗产税的税率：美国遗产税税率18%－55%；日本遗产税税率10%－70%；韩国遗产税，最高也超过50%；大部分国家遗产税，最高都超过了50%。

3. 《民法典》继承编遗产继承第一千一百二十七条：法定继

承人的范围及继承顺序：

1) 第一顺序：配偶、子女、父母；

2) 第二顺序：兄弟姐妹、祖父母、外祖父母。

继承开始后，由第一顺序继承人继承，第二顺序继承人不继承；没有第一顺序继承人继承的，由第二顺序继承人继承。

本编所称子女，包括婚生子女、非婚生子女、养子女和有扶养关系的继子女。

本编所称父母，包括生父母、养父母和有扶养关系的继父母。

本编所称兄弟姐妹，包括同父母的兄弟姐妹、同父异母或者同母异父的兄弟姐妹、养兄弟姐妹、有扶养关系的继兄弟姐妹。

注意，如果存在有非婚生子的、有养子女、有抚养关系的继子女、户口本上有子女名册的、再婚配偶、再婚父母，都属于第一顺序继承人，拥有同等的继承权。

人的一生不可能总是风调雨顺，当你赚到一定的财富以后，一定要想办法"落袋为安"，所谓"落袋为安"不是把钱存在银行，不是买几套房子，不是买基金、买股票，而是要通过法律手段和金融工具，把它无争议地锁定下来，专项资金、专款专用，无争议的，给予每一位你想给到的家人。

第七节　代持风险

由于种种原因，把自己名下的资产，全部交给比较信任的人代持自己的资产,虽然,法律承认代持关系,但是,代持者本人拥有资产的第一处置权,代持协议不能对抗外部善意第三人,尤其是代持人出现诉讼、离婚、身故遗产继承发生时,代持人的资产往往会被作为代持人本人的财产进行执行……

实际上,有很多金融工具也可以达到代持的同等效果,比如,通过资产持有架构的设计,设计"股权信托""家族信托""保险金信托""保险单架构设计"等都可以实现资产的代持。这些同样可以自行控制和获得受益的资产设计,比代持更安全、可控性更强,具体请咨询你身边的"资产持有架构师"。

第八节 诉讼风险

只要是从事商业活动,存在抵押、担保、签订合同、聘请员工等,难免会出现债务纠纷、用工风险、劳务纠纷,尤其当面临重大投资,对外大额融资以后,需要配偶共同签字承担债务,如果出现风险无力偿还债务时,家庭将面临诉讼,甚至被法院执行,资不抵债。

如果出现诉讼风险,怎么办?

一定要未雨绸缪,在企业、家庭经营良好的时候,提前对企业资产、家庭资产、个人资产,分别建立牢固的防火墙,即使一个环节出错,也不会影响到全家人的生存生活,能确保子女教育、父母赡养,家人居住等问题。你可以请专业的财富风险规划师,做好"保险资产持有"设计，做好保单架构，规避风险；也可以做"家族信托"来防患未来经营的风险。

第九节　税收风险

如果你对外有投资，需要当股东或者法人，或者你是高收入者，请注意税收风险的管控。

一般认为，企业税务风险是指企业的涉税行为因未能正确有效地遵守税法规定，而导致企业未来利益的可能损失。

企业税务风险主要包括两方面：一方面是企业的纳税行为不符合税收法律法规的规定，应纳税而未纳税、少纳税，从而面临补税、罚款、加收滞纳金、刑罚处罚以及声誉损害等风险；另一方面是企业经营行为适用税法不准确，没有用足有关优惠政策，多缴纳了税款，承担了不必要税收负担。

中华人民共和国最高人民法院《关于虚开增值税专用发票定罪量刑标准有关问题的通知》发〔2018〕226号规定，虚开增值税专用发票税款金额或骗取国家出口退税金额量刑标准为：

税款数额较大：

人民币5万元，3年以下有期徒刑或者拘役，并处罚金2万元以上20万元以下；

税款数额巨大：

人民币50万元，3—10年有期徒刑，并处罚金5万元以上50

万元以下；

税款数额特别巨大：

人民币 250 万元，10 年有期徒刑或者无期徒刑，并处罚金 5 万元以上 50 万元以下，或者没收财产。

个人所得税风险防控：如果你是高收入者，不但要根据市场的变化调整你的收入结构，并且做到合法纳税，每年要按时申报个人所得税，并及时汇算，退税或者补交个人所得税，否则，容易被纳入黑名单，将影响个人信用。个人所得税筹划就是指在法律法规容许范围之内开展降低税收开支的实际操作，如果个人所得税筹划没有做好，个体之间的税收差距几倍也是很正常的事情，具体操作，要根据每个人的实际情况不同，定制的方案也不同，这里不展开介绍。

如果你是企业主，要时刻注意税收风险，并经常与财税专家多多交流自己企业的经营业务，把财税与业务相结合，运用行业税收政策、供应链、分拆业务部门、分拆产品或服务等综合方案，在法律允许范围内，做好税收筹划，尽量避免税收风险带来的损失。

> 企业主，要在风平浪静的时候，做好企业资产与家庭资产的有效隔离，综合来看，风险主要集中在企业资产与个人家庭资产的混同，也就是所谓的"公私不分"。非必要不要用自己的银行卡收各类钱。

第十节 信用风险

信用风险，首先是个人诚信，当今都是网络化、信息化时代，如果不诚信，信息快速传播，你将很快失去信用价值。

影响信用的几个因素：

1. 不能太频繁查询征信信息，尤其是房贷、车贷、信用贷款、房屋销售机构的征信查询，每次查询都会有记录，如果太频繁查询，金融机构可能会推断用户财务状况不佳，还款能力不足，从而不给予贷款或降低贷款额度；

2. 各种日常费用：电话费、水费、电费、燃气费、物业费、信用卡还款、高速路ETC通行费等都不能欠费；

3. 信用卡还款：经常使用信用卡的个体，请次月准时还款，不做分期，逐步累计在发卡银行的信用值，增加信用卡透支额度，在关键时候，比如资金需要短期周转时，可以提高资金使用额度。但是，注意不要逾期不还，不要恶意套现，不要靠刷卡度日。

总之，**大数据化时代，管理好自己的信用，也是一笔巨大的隐形资产。**

第十一节 朋友圈风险

俗话说，"**近朱者赤、近墨者黑**"，人往往都是与周边的人，在不断地在取平均值。

你身边朋友的观念、意识、价值观都将影响你的未来和财富。

一、如何识别你身边值得交往的朋友

1. 为人不卑不亢、不趋炎附势、不嫌贫爱富。

2. 懂得尊重人，有礼貌，不贬低他人。

3. 喜欢倾听别人的意见，同时，又有自己的主见。

4. 勤奋、好学，努力奋斗、有激情、有目标的人。

5. 为人诚信，尊重金钱，不浪费，对自己节俭自律。

6. 爱自己的孩子，爱自己的配偶，爱自己家人，有责任心的人。

7. 有爱心、热心帮助他人，不索取回报，真诚待客的人。

二、建议远离这些朋友

1. 每天只知道吃喝玩乐，没有生活重心且不能提升自己的人，要远离。

2. 酒肉朋友，要远离。

3. 每天都想着走捷径，偷奸耍滑，成天想着天上掉馅饼，不脚踏实地干事的人，远离。

4. 对金钱充满极度贪欲的人一定要尽快远离。

5. 远离只知道贪图享乐之人。

6. 没有诚信，说话总是不兑现，做事情敷衍了事，这种人，远离。

7. 总是喜欢贪小便宜的人，远离。

8. 背后总是喜欢议论他人，说话挤眉弄眼，阴阳怪气的人，远离。

9. 总是喜欢抱怨的人，负能量太多，也请保持距离。

10. 只顾自己，对家人、孩子没有责任心、没有爱心、没有担当，对父母没有孝心的人，一定要提防。

与具备优秀品质的朋友在一起，他的言行会影响你，提升你的格局和认知，有助于你的发展。

当你有任何问题、疑问，永远要咨询比你成功、比你优秀的人，他们的认知和格局，肯定比你高，看得也比你远，这样才有助于你解惑。如果你去找一个脑袋一团糨糊，整天只知道吃喝享乐，也没有远见格局的人，他怎么给你更好的意见呢？

而那些充满负能量的人，消极的人不但不会帮助你，反而会让你泄气，消耗你的精力，所以，尽量避而远之。

与朋友交往，经济要独立，最好不要有经济纠纷，如果你借钱给对方，就要做好对方不归还的准备。

第十二节　银行卡外借风险

要提醒家人，不要轻易地把自己的银行卡外借给任何人使用，尤其对方承诺给你回报，那你一定要更加小心谨慎了！因为，不管对方出于什么原因、借口，如果是正常的银行业务，是不需要借他人的银行卡的，就算要借用银行卡，他也可以借用他家人、配偶的，为什么一定要借用你的呢？银行卡外借，就意味着很可能存在刑事法律风险。近年来，随着网络技术的快速发展，信息网络已经渗入到人们生活的方方面面。然而，电信诈骗等与网络通信技术相关的新型违法犯罪日益增多，比如不法分子借用你的银行卡用于实施电信网络诈骗转移诈骗资金，从中非法获利。

还有，现在金税四期已经启动，你的银行账户，尤其是一类银行卡，涉及金额过大交易（达到个税起征点以后），会作为个人收入所得，应该缴纳个人所得税，如果没有交税的，会自动向国税系统申报，这时，也请你一定要依法纳税，避免税收风险。

第十三节　一夜暴富的风险

创造财富，一定要去追究到产生财富的本质，到底是什么？

当你把一个项目，从源头、交易链条、全产业链分析完毕以后，你发现其没有为客户、为社会实质性地创造价值，那么你就要注意，这可能是一个骗局。但凡不能为他人创造价值，不能为社会创造价值的项目，都不是好项目。

如何规避投资项目中的风险，以下提出几点小建议：

1. 自己要多加学习商业知识，如股权、融资、税务、法律、宏观经济、商业模式，上各种商业论坛获取最新资讯……不断拓宽自己认知，增加识别能力。

2. 心正，只赚额头上流汗的钱，本着这个逻辑，永远不会上当受骗。

3. 勿贪，只要不贪，不要有一夜暴富的思想，上当的概率也会很低。

4. 将下一章"正确配置家庭资产"多看几遍，多叫配偶看几遍，多叫孩子看几遍，全家人按照这个指引来配置家庭资产，一定不会上当，更能实现财富增值。

第十四节　风险管理的支出＝投资

通过以上章节，我们系统性讲解了：失业风险、健康风险、婚姻风险、养老风险、继承风险、代持风险、税收风险、信用风险、银行卡外借风险、一夜暴富等十三个类别风险，风险的发生有偶然、有必然，发生的程度、时间，都是不可控的；我们只能未雨绸缪、早做准备，利用各种合理合法的方式方法，做到提前预防。

部分中产家庭，很注重投资收益，不关注风险管理；我想你从今天起，从看到以上相关的风险管理内容开始，应该会有所启发。

风险管理好了，财富就越来越多，跨越中产，就具备了基础。

如果没有管理好，一旦发生风险，将一夜回到解放前。

在管理风险的过程中，要支出的钱，应该算成投资，而不是消费。

举例：

1. 比投资资产更重要的是投资自己，自己是人生中最宝贵的资产，如何让自己增值？投资、保养自己的身体，更有精神和底

气地去赚取财富,交学费投资自己的大脑,汲取更多的知识,请客吃饭投资自己的人际关系,收获一份友情,产生更大价值;

2. 为防止健康风险,给家人分别配置商业保险,加杠杆转移全家人医疗风险、意外风险,生病后、意外发生后、身故后得到赔付,短期看来是消费,但长期看来是投资回报;

3. 向婚姻咨询师学习沟通技巧,融洽夫妻关系,防止家庭破裂,这个咨询费,短期是消费,长期属于增加家庭资产;

4. 为防止养老风险,给家人配置专属的养老保险金,60岁以后领取伴随一生的、持续增加的养老金,短期是投入,长期都是资产;

5. 为防止继承、代持、税收的风险:向财富风险管理师、律师、会计师咨询,并支付的咨询费,这些短期都是消费,但是长期看,控制住了风险,都是属于投资。

术业有专攻、专业的人做专业的事。

让更多专业人士来为你服务,控制住风险,这样你的主要精力才能用于安心地创造财富,才能稳健地实现跨越中产!

第五章　正确配置家庭资产

中产家庭靠人赚钱，赚到钱后，同时管理好风险和支出，必要花费后剩余的钱，我们就要储蓄起来，逐步学会用钱赚钱，实现资产性收入。当资产性收入稳步超过全家人所有开支，甚至有结余的时候，那么，即便没有工作，没有工资收入，有多渠道的资产性收入，也能保障未来几十年的生活需求，那么，就逐步跨越中产了……

但往往高收益伴随高风险，在家庭资产配置的道路上，
如何有效地避免各种陷阱及诱惑？
如何甄别这其中的风险？
如何实现中产向高净值家庭的跨越？
本章节将给你提供系统性建议。

第一节　家庭资产应该如何配置

"标准普尔家庭资产配置图"俗称"标普图"，是全球最具影响力的三大信用评级机构之一的美国标准普尔公司，在调研了全球十万个资产稳健增长的家庭后，分析总结出来的家庭资产配置

分布图，该图是世界上目前针对家庭财富稳健增长，配置家庭资产构成比例，进行家庭理财最为合理的方式之一。

不管我们的家庭收入情况如何，严格按照"标普图"进行家庭资产配置，我相信你的家庭抗风险能力越来越强，财富一定会越来越多。

注意：如果选错投资理财类型，配错资产，将有可能一夜回到解放前。

明确四个方向分配资金：为了达到家庭资产稳健增长的目的，防止各种意外事件，对家庭资产造成巨大损失，破坏家庭生活品质，标准普尔家庭资产配置图，按家庭资产的用途和投资方式，将家庭资产按一定比例分配在四种不同的方向上，以满足一个正常家庭对不同类型资产的需要。如下图 5-1 所示

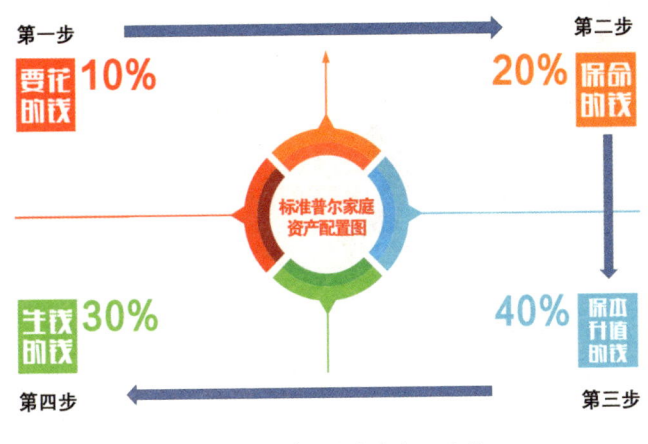

图 5-1 标准普尔家庭资产配置图

第一步：要花的钱（家庭日常支出）

这是每个家庭保证日常生活正常进行的开销，一般包括：吃、穿、住、行等基本生活开支。标准普尔建议，在家庭资产配置中，为满足这部分支出所保留的资产数额只要等于3—6个月的总额就可以了，高于这个金额，会造成家庭资产闲置；低于这个金额，会对家庭生活的日常造成负面影响。

从经验数据来说，这部分的总额可以保持在家庭可支配资产的10%以内，如果家庭日常开支3—6个月，超过可支配资金10%以上，则必须削减日常开支；如果家庭净资产较多，而日常开支较少，这部分的比例可以降低。这部分资金，可以放在银行活期、货币基金上，随时赎回，灵活取用。

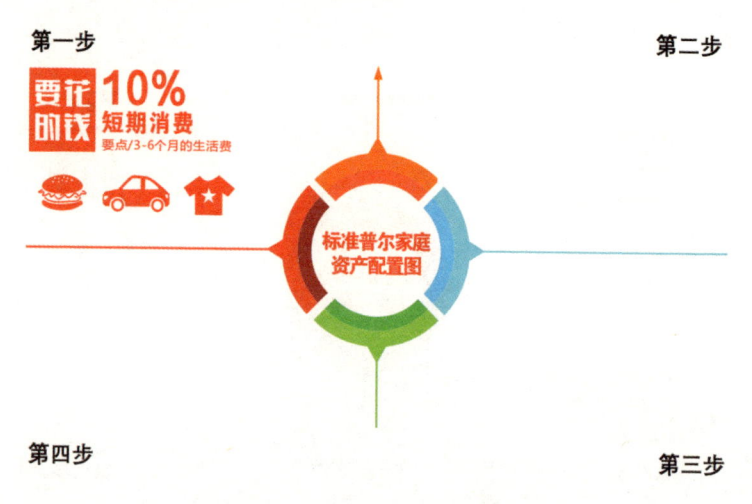

图 5-2 要花的钱支出配置图

第二步：保命的钱（用于意外、疾病、医疗，改变生活）

由于我们自身的情况和我们所生活的环境都存在着诸多不确定性，许多事物的发生也不会按我们的主观意志进行，比如：自然灾害、疾病、意外、再生医疗、康复理疗等，这些不确定因素的存在可能会给我们正常家庭生活的稳定性造成极大的影响。

为了减小、转嫁这种不确定性，给家庭资产和正常生活可能造成损失的风险，在我们可支配的家庭资产中，就需要储存一大笔资金（或者投资在保险资产上，加杠杆），防止突发性的大额支出给我们正常的家庭生活造成巨大压力，从经验数据来说，家庭资产中用于保命的钱，应不低于家庭可支配资产的20%。

未来百岁人生，从应对长达几十年的医疗、重大疾病、弥补收入损失、意外、出院康复期用药的费用支出等来看，家庭的每个成员要做到专款专用，保障在家庭成员出现意外事故、重大疾病时，有足够的钱来保命。

要么使劲存钱；要么就要在健康时，投资在保险资产上，加杠杆转移风险给保险公司，给每个家庭成员配置充足的重大疾病保险、医疗保险、出院康复期靶向药保险、收入损失保险、家庭爱心责任险。花很少的钱，比如一般一个人一年也就几千元，就能转移几百万的资金保障，所以，你一定要重视你身边的专业保险代理人。

图 5-3 保命的钱支出配置图

第三步：保本升值的钱（全家人长期生活保障）

家庭是社会的组成细胞，家庭生活是长期延续的，为了保证家庭成员生活品质的长期稳定性和家庭的世代绵延，我们必然要有深厚的经济基础作为坚实的后盾，这也是我们俗称的"家底"，或是老一辈人讲的"棺材本"，它可以保证诸如：家庭成员的养老金、后辈子女的教育金、收入持续多年中断养家的家底、婚嫁金及遗产等。

既然是"底"、"本"，就要求这部分资金以"安全"为首要目标，即使投资也应该放在保本增值、抵御通胀的项目上（不能放在高风险高收益的项目上），应该要保证本金相对安全，并能带来长期、持续的稳定收益，比如说：国债、大额存单（每家银行 50 万元）、理财年金保险单、教育年金保险单、养老年金保险单等。

从经验数据来说，家庭可支配资产中的 40% 应保留在此。

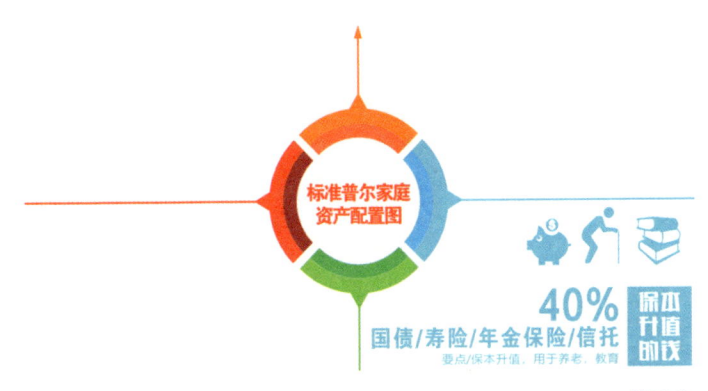

图 5-4　保本升值钱的配置图

第四步：生钱的钱（取得高额收益）

家庭资产要飞速增长，必然要求家庭资产投资的回报率要高，故此，在家庭资产中配置一定的比例，用于高风险投资，博取超额收益就成为必需。

这种投资的方式包括：股票、期货、基金、房地产、公司股权等，只要是你擅长的理财方式，并且能够赚钱就行，但是，"高收益必然伴随着高风险"，这是不争的事实，因此，用于风险投资的资产在家庭可支配资产中所占的比重要合理，要在家庭可承受的范围内，换句话说，就是"无论盈亏对家庭都不能有致命性的打击"。不能影响一家老小的日常生活。

从经验数据来说，家庭资产中投资于风险投资的资产比重，不宜高于家庭可支配资产的 30%。

图 5-5 生钱的钱配置图

综上所述：标准普尔家庭资产配置图，是对家庭可支配资产的配置构成指导，其目的是保障家庭资产的稳健增长和家庭生活的稳定延续，这个配置的关键点是家庭可支配资产的平衡配置。

通过这种配置步骤，配置家族资产：

第一步：我们既有应付短期生活需要的流动现金（可支配资产的10%）；

第二步：也有转嫁突发风险造成经济损失的保命的钱（可支配资产的20%）；

第三步：还有满足家庭和家庭成员长期发展的储备金（可支配资产的40%）；

第四步：更有博取高收益高风险投资的钱（可支配资产的30%）。

从家庭理财的角度讲，是一个攻、守兼备的家庭财富风险管理体系。

每个家庭，如果能按推荐的整体步骤来进行资产配置，财富风险是最小的，一定会越来越有钱。

当然，不同的家庭会面临不同的情况，不同家庭成员在不同的生命阶段，也会有不同的需要，因此，这个配置图各部分的比例，也仅仅是一个参考，我们可以根据实际需要进行比例的调整。

标准普尔家庭资产配置图带给我们更多的是一种科学规划资金的思考方式，让我们可以从宏观的角度去思考、寻找适合自身情况的投资理财模式。

第二节 高风险、高收益

一、私募股权投资基金

私募股权投资：是个人合格投资者或合格法人投资者，将自有资金，委托给私募股权投资基金公司，从事私人股权（非上市公司股权）投资的行为。主要包括投资非上市公司股权或上市公司非公开交易股权两种。主要追求的不是股权收益，而是通过上市、管理层收购和并购等股权转让路径出售股权而获利的投资行为。

私募股权投资，投资周期较长。因此，私募股权基金想要获利，必须付出一定的努力，不仅要满足企业的融资需求，还要为企业带来利益，这注定是个长期的过程。再者，私募股权投资成本较高，基金公司每年会收取管理费1%—3%左右；亏损由客户承担，盈利以后私募股权投资基金公司，会收取20%左右的分红（每个公司规定不同，略有差异）；此外，私募股权基金投资风险大，还与股权投资的流通性较差有关，投资者要有承担风险的能力。

股权投资不像证券投资可以直接在二级市场上买卖，其退出渠道有限，而有限的几种退出渠道在特定地域或特定时间也不一定很畅通。一般而言，成功退出一个被投资公司后，其获利可能是 3~5 倍，而在我国，这个数字可能是 10~30 倍以上。高额的回报，诱使巨额资本源源不断地涌入私募股权投资市场。

但是，参与门槛也较高，首先是合格投资者，什么是合格投资者？

资管新规规定，合格投资者是指具备相应风险识别能力和风险承担能力，投资于单只资产管理产品不低于一定金额且符合下列条件的自然人和法人，或者其他组织。

条件：合格投资者 + 起投 100 万元

（一）具有 2 年以上投资经历，且满足以下条件之一：个人投资者金融净资产不低于 300 万元，或者近 3 年本人年均收入不低于 50 万元。

（二）最近 1 年末净资产不低于 1000 万元的法人单位。

（三）金融管理部门视为合格投资者的其他情形。

建议，要有非常熟悉的私募股权投资基金经理，或是你完全信任这个项目操盘人，否则，这个行业是超级高风险的。如果你的总资产至少有 2000 万元以上，可以拿 500 万元出来尝试一下，但也请最好分散到几个基金公司，多投几个项目，这样把风险分散，这个投资就是大数法则,"东方不亮西方亮",同时,要做好全部本金亏损的准备,你要能承受这个结果。

二、权益类证券

股票投资:是指企业或个人用积累起来的货币购买公开发行的股票,借以获得收益的行为。股票投资的收益是由"收入收益"和"资本利得"两部分构成的。收入收益是指股票投资者以股东身份,按照持股的份额,在公司盈利分配中得到的股息和红利的收益。资本利得是指投资者在股票价格的变化中所得到的收益,即将股票低价买进,高价卖出所得到的差价收益。

股票是普通老百姓,参与资本市场投资获利的途径之一,但是,它风险较高,如果要降低风险,参与者要有足够的时间,研究宏观经济、产业机会,或看好某一家公司,最好能再进行实地调研,获取投资价值的依据。

通常听内幕消息、网上教炒股,偶尔可能会盈利,但长期操作大概率会被套牢,因为我们很难准确判断买入、卖出的时间。它可以作为投资尝试,但不建议小散户以一己之力去资本市场拼杀,因为,你没有那么多时间、没有那么多精力去研究股市,最后都是菜板上的肉。如果你确实想在股市赚钱,建议你委托证券公司中专业的研究人员或基金经理帮你采用基金定投的方式做投资理财,虽然要给管理费(或咨询费),也可能会有亏本的风险,但是比你自己来做,相对综合收益率高很多。

三、期货投资

期货投资，是相对于现货交易的一种交易方式，它是在现货交易的基础上发展起来的。通过在期货交易所买卖标准化的期货合约，而进行的一种有组织的交易方式。期货交易的对象并不是商品（标的物）本身，而是商品（标的物）的标准化合约，即标准化的远期合同。

期货投资交易，是指在期货市场上以获取价差为目的期货交易业务，又称为投机业务。期货市场是一个形成价格的市场，供求关系的瞬息万变都会反映到价格变动之中。用经济学的语言来讲，期货市场投入的原材料是信息，产出的产品是价格。对于未来的价格走势，在任何时候都会存在着不同的看法，这和现货交易、股票交易是一样的。有人看涨就会买入，有人看跌就会卖出，最后预测正确与否，市场会给出答案，预测正确者获利，反之亏损。

期货投资操作需要非常专业的知识，这里只是给大家普及一下观念，不做展开讲解，我只对期货投资进行总结性概述，给你一些建议：

1. 如果你拿来投入的资金全部亏光但又不影响家庭日常开支，且对风险的心理承受能力极强，亏损抗压能力特别强，你也可以参与。

2. 如果你是这个行业的从业者，比如你是油脂企业，经常需要大豆，那你应该很了解这个行业，那么你可以去参与大豆期货交易，对你来讲风险相对可控，否则建议不要参与。

3. 如果你有足够的时间，去深入研究某一个产业，同时也对国内、国际的情况十分了解，能第一时间获得这个产业在全球的动向，比如自然灾害、政治稳定性、货币政策走向、全球供需情况、航运情况……第一时间参与期货市场的决策交易，那么你也可以尝试操作，否则，建议谨慎。

第三节 中风险、中等收益

一、借贷

民间借贷是指公民之间、公民与法人之间、公民与其他组织之间借贷。只要双方当事人意思表示真实即可认定有效，因此一般的朋友之间的借钱也属于民间借贷。朋友还钱，全靠他的诚信，如果要借钱，你要重点注意的一件事就是——风险，建议如下：

1. 借款的总额控制，同样要注意，控制在可投资资产的30%以内，一旦不归还，不影响家庭生活。

2. 金额较大的借款，最好要有抵押物，如果是以房产作为抵押，最好对抵押的房屋给你设置居住权，等还完款以后，再解除对你的居住权设置，这样可以在一定程度上减少不还款的风险。

3. 借款，收利息，不宜过高，利息过高，本息都还不起风险也比较大；并且，这也不能作为家庭持续投资盈利方式，还有，自己要用钱，对方还不出，则影响流动性。

4. 金额小，你自己评估，要不要办手续。

5. 金额大，要么你就不要借，要借款，建议借钱之前"亲兄弟，明算账"，办好手续，有借有还，再借不难。具体借条，怎么写，我给大家一个模板作为参考。

借条（模板）

今因需要，向（出借人）：__某某__，身份证号码：_____借款本金：_____元。借款年利息为：_____元，利息给付方式：_____月/季/年，计息方式：如不按时支付利息，将按照复利计息，即利息计入本金，再次给付本息；借款给付方式：银行走账（备注借给某某本金）；本金还款时间：_____（注意还款诉讼时效为二年，二年内不还款必须起诉，要么更换一张借条，时间重写在当下）还款给付方式：银行走账还款。

违约金约定：如本金没有按期归还时，则借款人违约，则从违约之日起，违约年利息调整为复利，复利利息为本借款年利息：_____倍，由此产生的一切律师费、诉讼费、追还借款的差旅费等均由借款人承担。

担保人信息（或抵押物等信息，金额大，需要借款人配偶、父母、子女均作为担保人）
身份证号码：_____ 担保人签字：_____ 盖手印：_____

借款人亲自签字：（盖手印）_____ 身份证号码：_____
邮编：_____ 电话：_____
地址：_____（并且一定要预留真实地址，外加身份证地址，方便法院邮寄传票！）

二、私募证券基金

私募证券基金是一种集体投资，投资人，将自己的货币资金，委托给私募基金公司，用于根据与相关的投资策略进行各种证券投资的行为。节约篇幅，具体的内容大家可以咨询专家，我这里主要介绍我的看法。

私募证券基金，说白了，就是你投100万元起步，请人帮你炒股,然后你每年给他投资总额 1.5% 左右的管理费,亏损了是自己承担,赚钱了,基金管理者一般分走 20% 左右的盈利(有些证券公司是收取年费,或者咨询费);为了减少亏损,可以与私募基金公司项目负责人约定回撤比例,就是亏损多少就止损。

私募证券基金,通常是比较专业的投资炒股专家,每天都浸润在资本市场,收集各种信息,如果找到信任的基金经理,相对你自己去炒股风险要小很多,如果你有较多可投资的钱,也确实想追求高的收益,且能够承担一定的风险,那么这个投资方式,比自己去操作相对更好一些。

三、信托理财

信托类理财产品是指由银行代为发行的人民币理财产品所募集的全部资金,投资于指定信托公司作为受托人的专项信托计划。目前,各家银行推出的信托类理财产品主要是银行与信托公司合作,将募集资金投资于信托公司推出的信托理财计划。信托类理财产品的收益通常是浮动的,均不承诺保证本金安全。

信托理财与家族信托有较大差异,信托理财偏向于追求高收益、风险适中(2020—2021 年信托爆雷未兑付的也较多,请搜索查询);家族信托偏向于家族资产传承、资产隔离、资产保全,追求的是非常稳定的收益,要求本金相对安全可控;而且,二者门槛不同,理财型信托,100 万元起在符合规定的渠道均可购买,家族信托需要 1000 万元以上起步,并只能在符合规定的开展家族信托业务的信托公司进行。

四、实物黄金与纸黄金投资

实物黄金为真实的具有货币属性的金属，若遇社会动荡或战争等急剧通货膨胀，具有较高的保值功能。其缺点是保管困难，易于丢失。从收藏保值的角度来看，实物黄金当然比纸黄金更有感觉，有人就是喜欢一堆沉甸甸的金块堆在一起的快感。当然，运输、存储大量实物黄金也需要一笔费用。

纸黄金全过程不发生实金提取和交收的二次清算交割行为，从而避免了黄金交易中的成色鉴定、重量检测等手续，省略了黄金实物交割的操作过程，便于买卖赚取差价，交易方便，费用相对较低。从短期交易、赚取交易差价的角度来说，纸黄金能够方便快捷地进行交易操作，是不错的投资选择，而且纸黄金保存也比较方便，缺点就是只存在于银行的户头，没有真实感。

一般而言，投资黄金，从时间上可分为短期投资、中期投资和长期投资；从获利要求上可分为保值和增值两种；从操作手法上可分为投资和投机两种。你可将上述因素再结合黄金价格的波动和家庭可供使用的资金、个人对黄金价格和黄金品种的熟悉程度、个人投资的风格等，再选择适合自己的黄金投资方式。

如果你日常工作忙碌，没有足够时间，就算经常关注世界黄金的价格波动，但不愿意也无精力追求短期价差的利润，且又有充足的闲置资金，最好投资实物黄金。那么，我们可以通过哪些渠道购买实物黄金呢？

金店是人们购买黄金产品的一般渠道。但是，一般通过金店渠道买黄金，更偏重的是它的收藏价值而不是投资价值。比如，金饰在很大程度上已经是实用性商品，而且其在买入和卖出时价格相距较大（买入高价、卖出通常打八折回购），所以，投资意义不大。

其次，还可通过银行渠道进行投资，购买实物黄金，品种包括：标准金条、金币等产品形式。

如果你达到一定富裕程度，可以在黄金较低位的时候，购买一些实物黄金、纯黄金的首饰储存，装饰、投资一举两得。但是，如果遇到黄金价格大跌，那么要注意它也有亏损本金的风险。

五、房地产投资（住宅、门面、写字楼）

房地产投资，按照2000—2020年阶段的市场调查，这20年间，房地产投资，总体来说绝对算得上是高收益、保本型、无风险投资。

但是，在未来，房地产投资应该划入低收益、中风险，逐步向高风险转移的投资类别。

影响住房—投资增值的因素：

1. 从宏观层面上来看，1962—1976年出生的婴儿潮人口在未来2022—2035年进入老龄化，他们手里几乎都有2—3套房以上，2021年新生人口，比上年只新增48万，2022年新生人口956万，死亡人口1041万，总人口负增长85万，未来人口将呈现断崖式减少状态，对房屋购买的需要严重不足；

2. 截至2021年12月，我国人均住房面积突破50平方米（原重庆市市长黄奇帆表示：住房供给已经到了天花板）；

3. 房屋持有成本增加：房产税、遗产税、赠与税，未来都会逐步征收；

4. 新房交付以后的第 12—15 年，房产价值最高，超过 15 年以后，由于消防设施、电梯等共用设施老旧，整体维护成本增加，房屋价值也开始下降，交易难度也增加；

5. 如果用房屋出租来获取收益，管理繁琐也可能存在火灾、水灾或房屋事故等影响房屋增值的因素；

6. 政策层面：房子是用来住的，不是用来"炒"的，随着国家出台一系列保障性住房政策，保证房地产业稳定健康地发展，房屋就不再处于一种高需求的状态，价格也不再处于一直上涨的情况，如果房屋不持续上涨，就等于是在贬值（因为有资金成本和通货膨胀）；

7. 有价无市，整个房地产市场是供大于求，随着人口数量减少，税收增加，未来大概率会出现有价无市；

8. 如果你确实处于刚性住房需求期，还是可以买，但要注意，尽量在地铁等交通发达地段的周边购买，尽量在学校周边购买，尽量买二室一厅，或者小三室一厅，便于以后转让出售。

商业门面，受到互联网购物、外卖等影响，商业门面投资价值越来越低，银行现在几乎不要门面作为抵押。

商业门面投资注意事项：

1. 绝对不能投资期房，因为没交付，而且看不到人流走向，不知道周边有没有开发成熟的商业区，存在的投资风险巨大。

2. 商业中心，不建议投资。这个对商业运营要求太多了，很多人几百万的门面投入，最后当仓库出租，成了三代人养一铺。

3. 门面投资，建议只选择小区门面投资，小区住户至少 2000 户以上，稳定的有 6000 人以上居住，这里具有较大的消费群体。

4. 小区门面，面积不要太大。大约 30—60 平米即可，你可以租给个体户在社区开理发店、美容店、药店、小面店、小卖部、洗衣店等互联网难以替代的社区商业服务，或是出租给刚需的租客，门面太大不好出租，租金也会较低，投资回报率不划算。

5. 投资回报率核算。投资门面，我都是选择投资小区已经交房了的，现在年租金回报率达 5% 以上的，并且处于小区人流集中的地方，否则，我宁可将钱放在保险万能账户（复利 5% 左右收益）。

投资写字楼、办公楼：千万不要为了自己开公司，去买个写字楼来办公，我好多朋友都被套进去了，现在降价都卖不掉；自己又不想做生意，出租也租赁不出去，写字楼超过 10 年以上，电梯、消防、设施老旧，出租概率很低，价格也低；

投资写字楼的注意事项：

1. 该写字楼地段一定要好，最好在地铁口周围，要么就是商业中心的商住一体写字楼；

2. 写字楼停车位要足够多，停车位太少，影响出租；

3. 写字楼电梯数量太少，楼层太高，上下班时间，严重影响上下楼，会导致员工投诉，租客流失。

4. 写字楼的物业管理越好，设施维护越好，出租概率越高。

5. 购买写字楼的价格要足够低，否则，回报率无法提高。

6. 购入写字楼以后，交易税金很高，要做好低价转让，或者，无法出售的准备。

第四节 低风险、高收益

一、基金定投

基金定投是定期定额投资基金的简称，是指在固定的时间（如每月5日）以固定的金额（如1000元）投资到指定的开放式基金中，类似于银行的零存整取方式。我这里所说的基金定投主要是指投资证券的基金。

一般而言，基金的投资方式有两种，即单笔投资和定期定额。由于基金"定额定投"起点低、方式简单，所以它也被称为"小额投资计划"或"懒人理财"。

相对定投，一次性投资收益可能很高，但风险也很大。由于规避了投资者对进场时机主观判断的影响，定投方式与股票投资或基金单笔投资追高杀跌相比，风险明显降低。

基金定期定额投资，能积少成多，平摊投资成本，相对炒股来讲降低整体风险。它有自动逢低加码，逢高减码的功能，无论市场价格如何变化总能获得一个比较低的平均成本，因此定期定额投资可抹平基金净值的高峰和低谷，消除市场的波动性。只要选择的基金有整体增长，投资人就会获得一个相对平均的收益，不必再为入市的择时问题而苦恼。

基金定投，是中产家庭，奔向幸福生活的重要配置之一，因此，基金定投非常适合长期、5—10年的投资理财计划，这样相对来讲风险就会小很多。但是，**基金定投没有杠杆功能**，所以，在基金定投以前，你还是要先按照"标准普尔资产配置"的方法：第二步的全家人保命的钱和第三步的保本增值的钱，做好规划以后，再做考虑更安全。

另外，基金定投要重点选好主题基金、选好未来有发展的行业，如果实在不会选，就选混合型基金，这样风险相对较小。基金定投，相对自己炒股，风险小很多，但是，偶尔也会随着大盘下跌，而有下跌的可能和亏损本金的风险。

二、投资连结保险

投资连结保险，简称投连保险，也称单位连结、证券连结、变额终身寿险。投资连结保险顾名思义就是保险与投资挂钩的保险，它的收益包括两部分，一份投资连结保单在提供终身寿险保障的同时，还包括，根据投保人，选定的投连基金账户风险偏好，锁定的其投资基金，在当天的净值，二者价值来决定其收益的。

投资连结保险是一种集保险与投资功能于一身的新险种。设有：超低风险账户；稳健收益账户；高风险高回报账户；超高风险超高回报等多个账户。每个账户的投资组合不同，收益率就不同，投资风险也不同。投资人,在不同经济环境状态下,不同心态下,可以 T+1 交易实时选择投资组合,灵活可控。

投资回报:由于投资账户不承诺投资回报,保险公司在收取资产管理费后(管理费每年通常 1%－2%),所有的投资收益和投资损失由客户承担。客户,充分利用保险公司的资管专家、理财专家(行内有人称之为请专家为自己打工)的优势,客户在获得高收益的同时,也承担投资损失的风险。因此,**投资连结保险,适合于具有投资理念、追求资产高收益同时又具有较高风险承受能力的理性的投保人。**

身故保险赔付:毕竟是投资连结保险,又是寿险,有身故赔付功能,当客户身故以后,40 岁以下赔付总保费的 160%,40－60 岁身故(扣除对应的风险保费以后),赔偿投资总保费的 140%;60 岁以上身故(扣除对应的风险保费以后),赔偿投资总保费的 120%。但是,在赔付的时候,就会有两个选择,如果账户投资价值,超过了赔偿总额160%、140% 或者 120%,那么就按照账户投资市场价值赔付;如果,低于账户投资市场价值,哪怕股市全部亏光了,保险公司也会按照最低的身故保障赔付。这两者选其一,不可兼得。

投资连结保险的优势:

1. 对于追求高风险、高收益,对亏损本金又不能承受的客户,这个投资工具比较适合,因为,总有一天我们会身故,等身故的时候,本金总会回来。

2. 对于追求长期回报的客户非常适合。

3. 对于懒人、没有时间研究资本市场、不专业的投资客户比较适合。

4. 投资连结保险，对投保人透明度高、价值实时显示。投保人在任何时候都可以通过手机查询其保险单的保险成本、费用支出以及独立账户的资产价值，使投保人明明白白地清楚投资价值，确保了投保人的利益。

投资连结保险的缺点：

1. 在投资期间，恰好遇到紧急用钱的情况，这时又遇到行情下跌，当跌破本金以后，可能存在亏本卖出的情况。

2. 如果追求短期，比如 1—2 年追求暴利，这个不适合。

3. 需要钱的，当天交易卖出以后，第二个工作日钱到账户。

建议按照"标准普尔图"做好第一类：必要生活开支；第二类：保命的钱；第三类：保值增值的钱，以后，剩余的资金，再考虑投资一部分投资连结保险。

追求价值投资、有一定风险承受能力，且看好长期投资回报的客户，比较适合投资连结保险。

第五节　低风险、中收益

一、保险的发展史

保险的初衷起源于公益互助，为防止出现家破人亡的情况，大家每人交一点钱，当出现风险以后，用大家交的钱去帮助受灾的人们抵御风险；没有出风险，就非常好，交的钱，大家就当做公益，献爱心，帮助了受灾害的人。

海外保险，较成熟的发展要追溯到 1666 年，当年英国伦敦发生特大火灾。次年，也就是 1667 年，英国人开设了第一家火灾保险商行，开创了现代保险业务的经营方式。

中国从 1995 年 10 月 1 日，《中华人民共和国保险法》正式实施。到 2013 年，中国保监会决定，将每年 7 月 8 日确定为"全国保险公众宣传日"，现在，保险业已经完整地走过了近 30 年历史；国家资本、民营企业、合资企业，相继投入保险行业……

中国保险行业，像所有行业一样，初期都是野蛮式发展，都面临从业人员素养不高、保险公司自身经营能力较弱、精算体系逐步健全、医疗技术不断提升、媒体为吸引眼球炒作等诸多方面的问题，导致部分老百姓对保险存在一定的偏见，树大有枯枝，每个行业都是一样，我们要用发展的眼光来看问题，近些年，由于从业人员素质越来越高、中国保险业监管越来越严格、产品体系越来越健全、消费者的需求越来越专业，保险行业呈现出了蓬勃发展之势，尤其是对中产、高净值、超高净值家庭来说，从加杠杆转移风险、投资理财、资产保全、资产保值增值、资产传承的角度，极为利好，几乎不可能没有保险。

但是，保险又是一个非常专业的领域，涉及范围非常广泛，只有为客户进行专业的风险分析，并与之匹配正确的保险产品，才能抵御带给客户的风险（风险与保险错配，得不到很好的赔偿），而如果保险代理人文化水平不高，持续学习能力不强，对专业知识的掌握又非常有限，老百姓对保险知识又非常欠缺，但又非常需要保险对自己的幸福人生保驾护航，这种供需矛盾就会出现非常突出的情况。所以，假如你身边有非常专业、敬业、有品德的保险代理人，你一定要珍惜，多和他们聊天，相信对你们全家的资产配置和风险管理都会有很大的帮助。

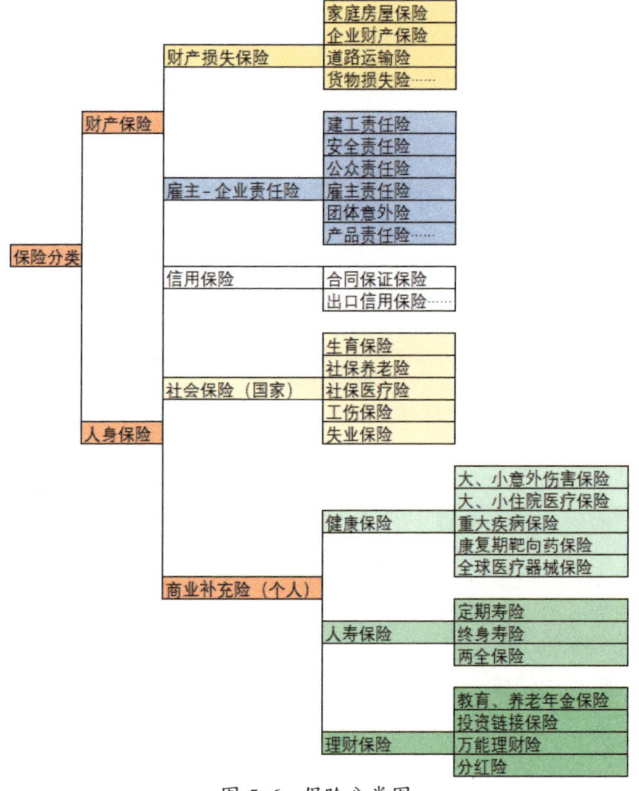

```
保险分类
├── 财产保险
│   ├── 财产损失保险
│   │   ├── 家庭房屋保险
│   │   ├── 企业财产保险
│   │   ├── 道路运输险
│   │   └── 货物损失险……
│   ├── 雇主-企业责任险
│   │   ├── 建工责任险
│   │   ├── 安全责任险
│   │   ├── 公众责任险
│   │   ├── 雇主责任险
│   │   ├── 团体意外险
│   │   └── 产品责任险……
│   └── 信用保险
│       ├── 合同保证保险
│       └── 出口信用保险……
└── 人身保险
    ├── 社会保险（国家）
    │   ├── 生育保险
    │   ├── 社保养老险
    │   ├── 社保医疗险
    │   ├── 工伤保险
    │   └── 失业保险
    └── 商业补充险（个人）
        ├── 健康保险
        │   ├── 大、小意外伤害保险
        │   ├── 大、小住院医疗保险
        │   ├── 重大疾病保险
        │   ├── 康复期靶向药保险
        │   └── 全球医疗器械保险
        ├── 人寿保险
        │   ├── 定期寿险
        │   ├── 终身寿险
        │   └── 两全保险
        └── 理财保险
            ├── 教育、养老年金保险
            ├── 投资链接保险
            ├── 万能理财险
            └── 分红险
```

图 5-6 保险分类图

二、保险与银行的区别

银行的本质是经营货币，负责货币的保管、收付、结算、放贷等业务，银行是靠存款与贷款的利息差，为主要经营利润，作为中介机构之一，兼顾代销贵金属、理财产品、国债等获取手续费来盈利。

日常经济生活中，我们短期半年、一年要用的钱，可以存入银行，随时取用方便，只是活期利息非常低。我们1—3年不用的钱，可以放在银行存定期，银行再把我们的资金拿去放贷款给企业，获取利润以后，再分配一个固定利息给储户，储户获得定期存款收益，缺点就是失去流动性。假如，定期存款期内，我要用钱，那么取钱时的利息就只能算活期，损失了定期利息。还有从长期来讲，未来存款利息持续走低是大概率事件，以后想获取较高的存款利息是比较难的。

假如，从资产配置，分散风险，持续盈利的角度讲，未来2—3年需要做资产隔离与保全；需要有5年、10年、20年不用的钱，比如，保证这一辈子紧急救命的钱、保证孩子教育的必需开支、保证养老有足够的养老金、保证资金安全不被分割、保证未来几十年持续增加的资金，这类资金配置，从保证资金安全性、收益性、兼顾流动性来讲，就可以考虑投入保险公司，参与保险公司的投资分红，分享红利。攻守兼备、灵活、安全、持续复利收益。

保险公司的投资与分红

保险公司通常会把客户的钱集中起来，再去寻找优质的项目，如支持国家的大型基建项目、核电项目、低碳、清洁能源项目、碳中和、元宇宙、人工智能、大数据等优质股权项目等，这些项目也是国家经济的助推器和稳定器。这些项目一般投资周期比较长，一般5年、10年才能产生回报，所以，保险公司理财、投资保险，一般是5年、10年、20年，时间越长，收益越高，靠时间累计复利回报价值。当然，如果短期要用钱，保单也是可以贷款的，会影响一定的流动性，保险公司也会允许客户"撤资不撤股"，只要客户不退保，但又急用钱，可以拿现金价值的80%回去使用，这一点还是比较人性化的，具体的操作，各家保险公司不太一样，可以咨询你的保单代理人。

要想靠保险公司的投资项目获得持久的投资回报，必然要考虑保险公司自身的股东背景、经营历史、经营能力、抗世界经济周期能力、是否持续存在的可能性、选择的项目、是否能拿到优质项目、投管项目持续运营、审计的能力等，这些都决定了投资盈利能力、分红回报的持续性。其实，不光是保险公司，银行、证券、实体企业经营，所有公司经营都要考虑这些因素。

选好优质的保险公司，是确保保险分红能力的核心关键。

三、分红型——理财保险

分红型理财保险，是保单持有人可以分享保险公司经营成果的保险种类，保单持有人，每年都有权获得建立在保险公司经营成果基础上的红利分配。简单地说就是分享红利，享受公司的经营成果。

中国银保监规定，保险公司每年至少应将分红保险可分配盈余的70%分配给客户。

红利分配有两种方式：现金红利和增额红利。现金红利是直接以现金的形式将盈余分配给保单持有人。增额红利是指整个保险期限内每年以增加保险金额或保额的方式分配红利。目前国内大多数保险公司险种采取现金红利方式分配。

在现金红利的分配方式下，每年返还的金额，再次进入万能账户，进行二次投资增值。

分红型理财保险优势：

1. 理财主险采用锁定利率，假如，保单预定利率为3.5%，那么在合同期间，它的收益是锁定的，即使未来银行存款利率下降，收益也不受影响。

2. 附加二次增值的理财险，通常有保证利率，而且通常会在合同上写清楚，直到终身，最低保证利率是多少？（每家保险公司都不一样）这就不用担心未来几十年的收益问题了。像日本、欧美发达国家一样，银行出现负利率以后，银行存款没有收益保证，但理财险有保证利率，收益就有保证。

因为未来，经济发展到一定程度，低利率，乃至负利率，一定是大概率事件，银行都没有存、贷利息差的时候，怎么可能给储蓄户高额的存款理财利息呢？而保险公司就不同，保险公司是把钱拿去直接投资项目，获得持续稳定的投资回报，所以，保险公司，敢在合同上写最低保证利息，即下有兜底保证，上不封顶（分红不做承诺）。这就是，保险和银行存款最本质的区别。

3. 保险公司是：复利计息（这个很重要,时间越长,收入差距越大）。

4. 不会失去流动性：与其他理财产品相比，在封闭期，要用钱，保险单一样可以贷款现金价值的 80%，投保前几年略影响一些流动性，但是随着时间的推移，保单本身的利息收益在增加，通常过了 5 年以后（理财型），贷出来的金额都会与本金基本持平，流动性都不会受到太大的影响，而且收益还在持续增加。

5. 安全性：保单相对银行存款来讲，安全性要高很多（银行破产单户最多由存款保险赔偿 50 万元限额）。

分红型理财保险的缺点：

1. 短期内 1－2 年就要用钱的，冻结部分不能贷款出来，但又影响你的资金使用的，不适合做分红型理财保险。

2. 要去追求刺激的、高风险、高回报的客户，不适合做分红型理财保险。

3. 如果选择的保险公司经营不善，且被接管以后，依据《保险保障基金管理办法》第二十一条：

"被依法撤销或者依法实施破产的保险公司的清算资产不足以偿付人寿保险合同保单利益的，保险保障基金可以按照下列规则向保单受让公司提供救助：

①保单持有人为个人的，救助金额以转让后保单利益不超过转让前保单利益的 90% 为限；

②保单持有人为机构的，救助金额以转让后保单利益不超过转

让前保单利益的 80% 为限。

保险保障基金依照前款规定向保单受让公司提供救助的，救助金额应以保护中小保单持有人权益以维护保险市场稳定，并根据保险保障基金资金状况为原则确定。"

出现保险公司被依法撤销、依法实施破产、被接管等情况，投保人可能会面临损失。（所以，请选择你信任的保险公司，这也是要考虑的因素）

4. 在短期 1—4 年内收益不明显，追求短期回报的，不适合投资分红型理财保险。

厌恶风险，愿意无风险，懒人理财，喜欢与时间做朋友，喜欢慢慢变富的人，适合投资分红型理财保险。

第六节 低风险、低收益

一、国债

国债，又称国家公债，是国家以其信用为基础，按照债的一般原则，通过向社会筹集资金所形成的债权债务关系。国债是由国家发行的债券，是中央政府为筹集财政资金而发行的一种政府债券，是中央政府向投资者出具的、承诺在一定时期，支付利息和到期偿还本金的债权债务凭证。由于国债的发行主体是国家，所以它具有最高的信用，被公认为是最安全的投资工具。国债可通过银行渠道购买，不同时期国债利率不同。

定期国债：是指国家发行的，严格规定有还本付息期限的国债。定期国债按还债期长短又可分为短期国债、中期国债和长期国债。

短期国债：通常是指发行期限在1年以内的国债，主要是为了调剂国库资金周转的临时性余缺，并具有较大的流动性。

中期国债：是指发行期限在1年以上、10年以下的国债（包含1年但不含10年），因其偿还时间较长而可以使国家对债务资金的使用相对稳定。

长期国债：是指发行期限在10年以上的国债（含10年），可以使政府在更长时期内支配财力，但持有者的收益将受到币值和物价的影响。

国债优点：

1. 国债支持国家经济建设，本金非常安全。
2. 期限固定，可以根据自己的资金安排，适当进行配置。

国债缺点：

1. 利息较低，收益较低。
2. 灵活性低，未到期不能使用其资金，缺乏流动性。
3. 采用单利计息。

二、货币基金

货币基金是聚集社会闲散资金，由基金管理人运作，基金托管人保管资金的一种开放式基金，专门投向风险小的货币市场工具，区别于其他类型的开放式基金，具有高安全性、高流动性、稳定收益性。

货币基金资产主要投资于短期货币工具（一般期限在一年以内，平均期限120天），如短期国债、央行票据、商业票据、银行定期存单、政府短期债券、企业债券（信用等级较高）、同业协议存款等短期有价证券。

实际上，上述这些货币市场基金投资的范围都是一些高安全系数和稳定收益的品种，所以，对于很多希望规避证券市场风险的企业和个人来说，货币基金是一个天然的避风港，在通常情况下，能获得高于银行存款利息的收益，但货币基金并不保障本金的安全。

货币基金优势：

货币基金是少有的在流动性、灵活性方面可与活期存款相媲美的理财工具，随时可申购，也随时可赎回，赎回款1至2日即可到账。货币基金投资门槛一般为1000元甚至几百元，远低于银行理财产品，也不必担心卖完而买不到的情况，周末和节假日也都有收益，它不留任何收益空白期，积少成多，盘活了日常生活中的闲余资金，也真正转变了人们"一定要积攒到很多钱才可以投资理财"的观念。

建议：平时银行账户上的活期存款，可以全部用于购买货币基金，直接在手机银行上就可以购买。其他购买渠道：证券公司、支付宝、微信理财都可以购买。

银行理财产品是商业银行在对潜在的目标客户群分析研究的基础上，针对特定目标客户群开发设计并销售的资金投资和管理计划。在理财产品这种投资方式中，银行只是接受客户的授权管理资金，投资收益与风险由客户与银行按照约定的方式，由双方承担。

银行理财有人民币和外币理财，是本章节几个理财产品的统称。

三、银行存款

银行存款账户分为对私账户和对公账户，对私账户是针对个人账户，对公账户是对机构法人的账户。《银行账户管理办法》将企业事业单位的存款账户分为四类，即基本存款账户、一般存款账户、临时存款账户和专用存款账户。基本存款账户是指企业办理日常转账结算和现金收付的账户。个人银行账户主要是用于个人在银行开户，用于收付款的个人资金使用账户。

银行存款分为活期与定期：活期利息非常低，未来大概率会持续走低；定期存款，采用单利计息，1—2年不用的钱可以做1年或者2年期定期存款。

或者我建议你把资金分散做定期存款，比如：你有10万，原计划做3年定期存款，这个时候，你可以将10万分为10张存单，每张存单1万，都是存3年，总的收益是不变的，区别就是，假如3年内，你紧急要用其中的3万，那么，你就取3张1万的存单，这3万存单变为了活期，而另外7万的存单，可以继续存在银行，直到3年满期，按照3年定期存款给付利息。这样的操作主要防止在存款期内要用钱的情况，如果取现以后，10万都按照活期算利息，那就不划算。

四、家族信托

家族信托是一种信托机构受个人或家族的委托，代为管理、处置家庭财产的财产管理方式，以实现财富规划及传承目标。

家族信托，将资产的所有权、收益权、受益权和监督权相分离，富人一旦把资产委托给信托公司打理，该资产的所有权就不再归他本人，但相应的收益与支出，依然根据他制定的意愿收取和分配。富人如果离婚分家产、意外身故或被人追债，这笔钱都将独立存在，不受影响。 家族信托,能够更好地帮助高净值人群规划"财富传承",打破财富"富不过三代"的魔咒。

1. 国内家族信托的法规政策环境日趋完善，其法规政策颁布时间、名称、核心内容及其对国内家族信托的意义如下表所示：

表 5-1　国内家庭信托相关法规政策表

颁布时间	法规政策名称	家族信托相关的核心内容	对国内家族信托的意义
2001年4月28日	《中华人民共和国信托法》	本法所称信托，是指委托人基于对受托人的信任，将其财产权委托给受托人，由受托人按委托人的意愿以自己的名义，为受益人的利益或者特定目的，进行管理或者处分的行为。信托财产与委托人未设立信托的其他财产相区别。	境内信托的基础法颁布。
2018年8月17日	银保监会2018年第37号文	家族信托是指信托公司接受单一个人或者家庭的委托，以家庭财富的保护、传承和管理为主要信托目的，提供财产规划、风险隔离、资产配置、子女教育、家族治理、公益（慈善）事业等定制化事务管理和金融服务的信托业务。	监管层第一次明确家族信托定义，并明确鼓励家族信托业务的发展。
2019年11月14日	最高人民法院《全国法院民商事审判工作会议纪要》	信托财产在信托存续期间独立于委托人、受托人、受益人各自的固有财产。除符合《信托法》第17条规定的情形外，人民法院不应当准许对信托资金采取保全措施。	最高法明确重申了信托财产的"独立性"。

2. 家族信托的本质：

应对时间和人性，是最为复杂的要素，且充满着变量，通过家族信托制定好《家族宪章》，以委托人当下的确定，去应对未来的不确定。

家族信托是一个承载着巨大财富和家族使命的法律架构。

家族信托的本质——

家族信托不是一个产品，不是一种标准，而是**定制化的解决方案**

- **家庭生活**
  结婚、婚姻稳定及生育，可领取家庭和谐礼金
- **学业支持**
  受益人小学、初中、高中、大学入学、学历完成可领取学费支持金和学历完成奖励金。
- **养老金**
  受益人达到一定年龄后，每年可领取更高的养老金，老有所养。
- **大额消费**
  买房、买车，受益人可领取大额消费补助
- **基本生活**
  受益人每季/半年/年领取定期生活费，生活无忧。
- **应急金**
  突发重疾，或其他特殊情况，可领取相应应急金。

图 5-7 家族信托的本质图

3. 家族信托可以做什么——对委托人（自己）

① 希望事先能周全、秘密地做好身后的财富分配，避免因突发意外、疾病或死亡风险发生，使得无法完成的未尽责任，导致企业、家庭继承出现自己不愿意看到的事件发生；

② 担心因自己或子孙们婚姻不稳定对家族财产造成影响；

③ 担心企业经营风险（诉讼、税务、担保、投资失误、灾害等）对家族财产造成冲击；

④ 希望本人意愿能被坚持执行，不受其他任何因素的干扰。

4. 家族信托可以做什么——对受益人（配偶、子女、父母及要照顾的其他人，通过制度规则，制约或激励让家族世代兴旺传承）。

① 财尽其用，希望财富对子女的人生发挥正向效果，避免不良习气，如炫富攀比、挥霍浪费、交友不善等情况出现；

② 担心子孙们婚姻存在隐患、感情不和，出现"人财两失"的局面时，可以考虑家族信托；

③ 防止子孙们之间产生纠纷或对某子、某女有偏爱之心；

④ 希望给子孙们学业、事业、生活等方面给予持续稳定的保障与激励，让其不受经济条件的束缚和掣肘，进而更好追求人生目标；

⑤ 希望家中已出世或尚未出世的孙辈，未来能得到很好的照顾。

5. 家族信托——财富代际传承（案例）

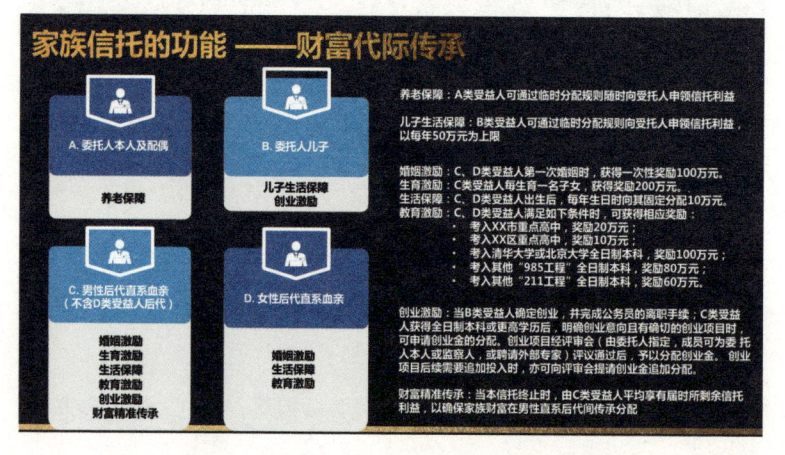

图 5-8 家族信托的功能——财富代际传承图

6. 家族信托的不足

家族信托，设立资金需要1000万起步，门槛较高，而且家族信托无投资杠杆功能。

如果你喜欢家族信托提供的财产规划、风险隔离、资产配置、子女教育、家族治理、子孙辅佐等功能，建议可以考虑保险金信托。

综上所述，家族信托主要是保障家族财富传承，并以安全、稳定、定向分配财富为目的，并非是追求高收益、高风险的理财型信托。当设立家族信托以后，可以在合同中约定，家族信托只能用于投资低风险、低收益，或者低风险、中收益的产品，以确保家族信托的安全。

五、保险金信托

保险金信托是家族财富管理服务的重要工具之一，是委托人以财富的保护、传承和管理为目的，将人身保险合同的相关权利（如身故受益权、生存受益权、分红领取权等）及对应的利益（如身故理赔金、生存金、保单分红等）和资金等作为信托财产，当保险合同约定的给付条件发生时，保险公司将按保险约定直接将对应资金划付至对应家族信托专户。

保险金信托是将人身保险与家族信托事务管理服务相结合的一种跨领域的信托服务，不是一款理财产品。

由于人寿保险，具备身故杠杆功能，起步可能就只需要几十万元（不同年龄、不同性别的人寿保险金额不同，但是身体要符合保险公司的投保条件，健康程度越高通过概率越高，越年轻，费用也越低），就能撬动 1000 万的家族信托；至于身故，不管 50 年还是 100 年，这是我们每个人都会面临的问题，所以，赔付是 100% 会执行的（但要选好保险公司和信托公司），总有一天，身故赔付金最终一定会进入家族信托，按照我们生前的意愿执行我们的决定，这也是很多中高净值家庭选择的金融工具。

与选择家族信托相同，采用保险金信托理财，同样不是追求高收益，而是追求财富的保值、增值、传承，是追求安全、稳定、持续的收益。

第七节　投资理财汇总

综上所述，为更好地盘活大家的资金，抵御财富风险，增大大家的财富保障，创造最大的价值，建议大家按照《标准普尔家庭资产配置图》进行家庭资产配置。

现根据我们的专业经验，对资金使用步骤建议如下：

1. 银行活期存款利率较低，短期 1 个月要用的资金可以放在银行；

2. 超过 1—3 个月要用资金存在货币基金里面；

3. 留出 3 个月以上的生活费，剩下的资金，配置意外险、住院医疗险、重疾保险；

4. 留出 6 个月以上的生活费，剩余资金，配置孩子教育年金保险、养老年金保险；

5. 超过3个月至3年内要用的钱，做投资基金定投，或者投在理财保险＋二次增值账户里面；

6. 超过3—8年要用的钱，投在投资连结保险里面；

7. 留出以上的钱后，如还有剩余的钱，可以进行高风险投资，比如：炒股、投资房产、创业、私募基金；

8. 总资产超过3000万以后，可以投资私募股权、风险投资。

第八节　金融不可能三角：流动性、安全性、收益性

不可能三角：是指经济社会和财政金融政策目标选择面临诸多困境，难以同时获得三个方面的目标。在金融政策方面，资本自由流动、固定汇率和货币政策独立性三者也不可能兼得。

也就是说，一个国家只能拥有其中两项，而不能同时拥有三项。如果一个国家想允许资本流动，又要求拥有独立的货币政策，那么就难以保持汇率稳定。如果要求汇率稳定和资本流动，就必须放弃独立的货币政策。

从金融产品的投资角度分析，都会考虑到收益性、流动性和安全性。这三个特性不会是圆形，不会都具备，只能是等边三角形，我们称这种现象为"金融不可能三角"。

收益性

金融
铁三角

安全性　　　　　　　　　　　　　流动性

图 5-9　金融不可能三角

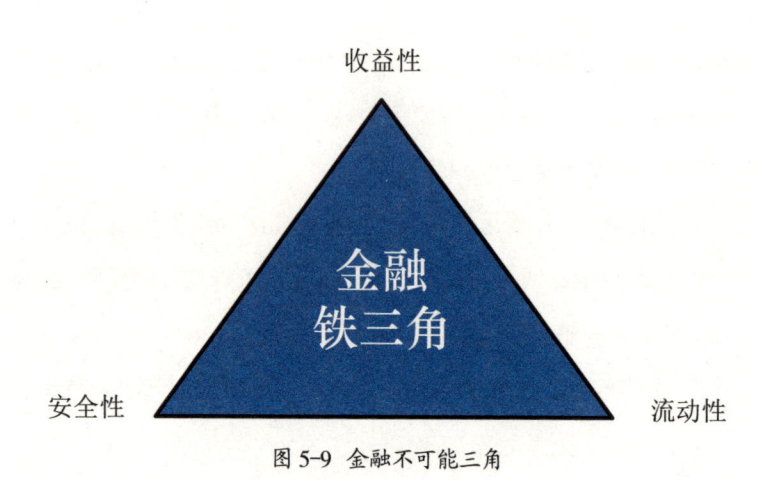

安全性：我们通俗理解为本金损失与否。

流动性：一般指无损失变现的时效性快慢。

收益性：就是指产品增值能力的强弱。

金融三性不可能同时满足，为什么？

1. 高收益 + 低风险

高收益和低风险的产品，必然会丧失流动性，这类产品的典型代表是：长期债券、投资连结保险。

2. 高收益 + 高流动性

高收益 + 高流动性的产品，承担着高风险、享受高收益，则必然丧失安全性。常见的股票、私募基金、私募股权投资、期货、外汇宝等。

3. 安全性 + 高流动性

安全性+高流动性的产品，这类产品，必然丧失高收益性，回报率自然也就不高，典型代表是：银行活期存款、国债、黄金、基金定投、理财年金保险等。

> 投资理财中，我们了解这三者关系，就更能客观、理性地分析我们要选择的投资产品，分析产品的特性，平衡心态、做好心里预期和准备。

有些人又说，这三者我都想要，怎么办？

风险最小的办法是：按照本章第一节"标准普尔家庭资产配置图"做好自己的家庭资产配置，把你选好的产品按照：安全性、流通性、收益性，根据家庭资产配置顺序，进行产品投资组合，按"标准普尔家庭资产配置图"投资比例进行家庭资产配置，参考本章中第七节投资理财汇总，这样以可控的风险，实现三者共赢，让价值最大化。

第九节　投资持续增加 = 本金 × 时间 × 复利

本金：没有本金投入，就没有投资收益，关键是要有本金，所以前面的章节，不断地给大家强调要节俭开支、强制储蓄、增加本金。在相同的收益率和时间条件下，投入的本金越大，回报就越大。

复利：爱因斯坦曾说过："复利堪称是世界第八大奇迹，它的威力甚至超过了原子弹。"

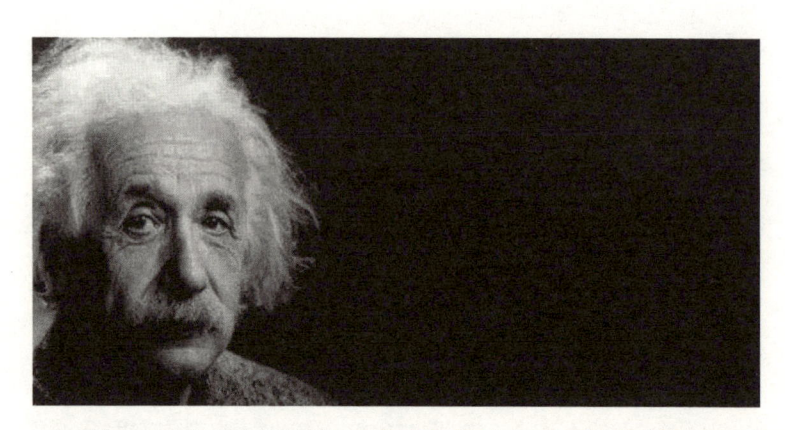

时间：沃伦·巴菲特说："投资很简单，因为这个世界上没有人愿意慢慢变富。"

时间是有价值的，我们要利用金融工具，锁定时间为我们创造财富，否则一天一天也就过了，损失的就是金钱。

本金、时间、复利这三者，只要本金不是0，只要把钱放上一段时间，选好有年复利的工具，再把三者相乘：本金×时间×复利，

就一定有正向的结果。

我们不断地提高投入的本金、增长时间、增加确定的复利利率，结果收益就会越大，就可以实现财富自由，达到一定的数量，就可以跨越中产。

坚持长期主义、选对工具、做好家庭资产配置，我相信，10年、20年、30年以后，平凡人，也一样可以慢慢变富，也一样可以跨越中产，最终实现幸福人生！

第十节 通货膨胀与通货紧缩

通货膨胀：指在货币流通条件下，货币供给大于货币实际需求，而社会购买力、购买需求大于产出供给，供给不足，物价会上涨，导致货币贬值，引起一段时间内物价持续而普遍地上涨现象。其实质是社会总需求大于社会总供给（求大于供）。

通货紧缩：是指当市场上流通货币减少，人民的货币所得减少，需求减少，购买力下降，而物资供给量又持续增加，影响物价持续下跌，消费者长期保持观望状态，造成通货紧缩（供大于求）。

恶性通货膨胀，直接使货币快速贬值，如果居民的收入没有变化，物价快速上涨，购买能力大量下降，生活水平就会严重下降，造成社会经济生活秩序混乱，影响社会的稳定繁荣，不利于经济的发展。引发恶性通货膨胀的主要原因是政府政局不稳定、战争、人们对政府丧失信心、恐慌；政府管理无能，无节制超发货币，导致货币加速贬值;通货膨胀较高的国家,多出现在人口较多、经济处于高速发展期的国家,如印度和俄罗斯,超过8%,巴西为14%。

恶性通货紧缩,主要是人口下降,需求不足、购买力不足,引发货币紧缩,货币流通量减少,会抑制投资与生产,导致失业率升高及经济衰退,进入恶性循环。例如日本从2002至2020年,19年来的平均CPI增长率为0.19%;还有欧洲,长期出现负利率的国家。

表5-2 日本历年居民消费价格指数(通货膨胀率)

日本历年居民消费价格指数(通货膨胀率)					
年次	年份	CPI增长率	年次	年份	CPI增长率
1	2002	−0.90%	11	2012	−0.04%
2	2003	−0.26%	12	2013	0.34%
3	2004	−0.01%	13	2014	2.76%
4	2005	−0.29%	14	2015	0.80%
5	2006	0.25%	15	2016	−0.13%
6	2007	0.06%	16	2017	0.48%
7	2008	1.38%	17	2018	0.99%
8	2009	−1.33%	18	2019	0.47%
9	2010	−0.74%	19	2020	−0.02%
10	2011	−0.27%		合计:	3.54%
19年平均CPI增长率					0.19%

所以，恶性通货膨胀、恶性通货紧缩，对社会经济发展都极为不利；而温和的通货膨胀有助于经济的发展，目标应该控制在高于 0 的水平，比如每年 1%—3% 左右，是较为合理的。中国 2009—2018 年，10 年平均 CPI 增长率约为 2.23%。

表 5-3　中国历年居民消费价格指数（通货膨胀率）

中国历年居民消费价格指数（通货膨胀率）		
年次	年份	CPI 增长率
1	2009	−0.73%
2	2010	3.18%
3	2011	5.55%
4	2012	2.62%
5	2013	2.62%
6	2014	1.92%
7	2015	1.44%
8	2016	2.00%
9	2017	1.59%
10	2018	2.07%
	合计	22.26%
2009—2018 年，10 年间中国平均 CPI 增长率		2.23%

影响通货膨胀，还有一个因素是劳动力人口，一个国家劳动力人口多，则各种生活物资需求旺盛，则会刺激各行业、企业加速生产，工厂招工、用工、发工资，百姓手里的钱再刺激消费，整个社会经济高速良性运转。犹如中国经济过去 30 多年的发展一样。

现在，我国随着人口老龄化、深度老龄化的出现，大量劳动力退出市场，人口出生量断崖式下降，全社会对各种生活物资需求减少，各种货物销售下降，部分工厂停工、减产，部分地区工人失业率增加，收入减少。同时，国家发行的货币被大量用于还房贷，冻结在房地产中，大量消费者沦为房奴，综合各种因素，从长期看，我国未来更加趋向于通货紧缩的概率会更大。

假如，我国未来继续出现温和通货膨胀，你的投资回报率，只要能超过通货膨胀率就不会让你手里的钱贬值。

假如，未来我国真的出现通货紧缩，出现0利率，乃至负利率，我们手里的钱能有很好的投资收益吗？这个问题有必要提前思考。

所以，从家庭资产配置的角度来讲，一定要拿一部分资金寻找到一种投资品，要保证本金安全，同时，能持续锁定未来几十年高利率，或稳定利率的投资产品，保证未来收益，进可攻、退可守。

第十一节　投资杠杆

投资杠杆指的是利用杠杆原理进行投资，就是利用小额的资金来进行数倍于原始金额的投资。

一、高风险投资杠杆

比如说，你想炒股赚钱，可是只有10万块，怎么办？

你找人借了40万块，四倍杠杆，月利率1.5%，拥有杠杆资金 50 万元，去购买股票，6 个月之后上涨了 40%，账户里拥有了 70 万元，扣除借款 40 万，资金增长了 2 倍，再扣除利息 40 万 ×1.5%×6=3.6 万后，盈利：30 万 –10 万 –3.6 万 =16.4 万。从结果来说还不错，但是，一旦行情下跌呢？

同理，杠杆资金 50 万元，6 个月以后，下跌 40%；本金还剩下：30 万，再扣除利息 40 万 ×1.5%×6=3.6 万后，盈利：30 万 –40 万 –3.6 万，盈利亏损 –13.6 万（本金亏光，还倒欠钱，早就强行平仓了）。

当资本市场利好时，这种高收益的模式容易冲昏投资者的头脑，从而忽视了风险性，等到市场开始下跌时，杠杆的负面效应开始凸显，风险被迅速放大。

对于个人投资者，在投资过程中正确利用杠杆投资，可以让收入猛然翻番，实现"小资本、大收益"。同时在市场环境不好、运用不当的情况下，杠杆投资也能让你的投资风险不断扩大，迅速破产。

所以，对于想要跨越中产的家庭，不建议加杠杆进入炒股、炒外汇、炒期货。记住，所有亏钱，都因为赚钱起。

二、风险保障杠杆

前面章节我们讲过，风险保障是看不见的投资，如果控制好了就是资产，控制不好就会一夜之间回到解放前。

比如：经营企业的企业主，为企业厂房投资企业损失责任险，保险费一年几千元，保额几百万（每个保险公司有差异）。投保货物损失险，一车货物 1000 多元保费，保额几十万。这些都是几百倍的投资杠杆，如果不投保，万一出现火灾、水灾、爆炸、自然灾害等，辛辛苦苦赚的钱一夜就回到解放前。

还有企业雇主责任险、团体意外险，解决企业员工用工风险：工伤、医疗费，500 元/（人·年）左右，就保障 50 万身故 +5 万医疗，这个也是近 1000 倍杠杆。

再比如：车险，根据车的价格不同，保费不同，一般也就几千元一年的保费，第三者 200 万保额，这个也是几百倍的杠杆，车没有保险，谁敢开车上路？

还有人身类的保险：住院医疗险、大额意外险、重大疾病保险、终身寿险（高身价保障）等，这些都是属于风险保障杠杆，中产家庭，要跨越中产，一定要不断增加风险保障杠杆的投资。

第十二节　如何降低投资风险

虽然前面章节，我不断地告诉大家要努力学习，不断地提高自己的综合素质、德行、人格魅力、价值观，但是，毕竟术业有专攻，我们每个人都很难做到面面俱到，那么，如何降低自己的综合投资风险呢？

你需要把管理专家、创业专家、税务专家、信贷专家、保险专家、私募基金专家等专业过硬、品德兼优的专家变为你的教练、导师或好朋友。你需要尊重他们，谦虚地向他们请教、学习，他们才能更真心诚意地指导你在各领域的优异发展。并把这些专家组成你的专家网络，这样，你花最少的成本、最少的时间，获取每个领域专家的最大优势，有效地避开各种陷阱，同时，让你的投资价值最大化，稳健地助你跨越中产。

第十三节　投资、创造财富路上的注意事项

一、注意防范高利贷、套路贷、网络贷等各种非法、非正规的金融渠道贷款

民间借贷是一种历史悠久、在世界范围内广泛存在的民间金融活动，主要指自然人之间、自然人与法人或其他组织之间，以及法人或其他组织相互之间，以信用、抵押物为标的进行资金融通的行为。经金融监管部门批准设立的从事贷款业务的金融机构及其分支机构，发放贷款等相关金融业务，不属民间借贷范畴之列。

带诱骗性质的高利贷、套路贷、网络贷等各种非正规的贷款，建议大家要谨慎，他们大多数采用"砍头息"、阴阳合同、循环贷、恶意债转股等掩耳盗铃、不合规的手段，诱导你签字贷款，一旦你上了他们的船，将付出巨大的代价才能摆脱他们，不明白就去查下资料，看看受害者们的上当受害经历，谨记，谨记。这里就不展开阐述，尤其是你家里有即将步入社会的孩子，一定要对他们加以告诫。

二、自己出现诉讼，防火墙如何设置？

首先，在现代经济社会，如果想跨越中产，都要尽可能懂法，《民法典》《公司法》这是两部基础法律。其次，自己从事职业的相关领域法律、法规，更要掌握，我们要知道底线在哪里，不要犯罪。

我们自己掌握基础法律知识以后，首先做到不整人、不害人，当然，也要防止他人伤害我们。同时，我们要本着诚实经营为原则，不给他人添麻烦，遇到困难、问题，一定要与对方礼貌地多沟通，不到万不得已，不诉讼，给他人留一条路。

但是，自己经营企业，确实时刻面临各种风险，例如：税收风险、政策风险、上下游供应商风险、资金链断裂风险、员工用工风险、企业财产损失风险、投资失误风险、行业周期调整风险、企业家突然身故风险等等，导致企业家防不胜防，资产也有可能一夜回到解放前。

所以，在平时，风平浪静的时候，在风险发生之前，提前做好风险的隔离措施，一旦风险发生以后，未雨绸缪、防患于未然，总是好事情。可以向你身边的资产持有架构师、财富风险管理师、保险法律咨询师、税务师等专业人士提前做好沟通和布局。

常见的隔离工具有：家族信托、保险金信托、婚内析产、保险单架构设计……但是，法律不鼓励、不支持恶意转移资产及洗钱行为。

三、如何控制非自己亲自参与管理、运营的项目的风险？

中产家庭，大部分手里会有一些闲钱，朋友们可能会叫你一起参与投资一些项目，你不投资，担心手里钱不能赚更多的钱。投资，又怕亏本，投多少心里又没底，怎么投，心里也没底，我给大家一些建议：

1. 不了解对方家庭背景、配偶、成长环境、过往创业经历、父母等情况之下，只要有2个基本情况不了解，不能给你安全感、信任感的项目，我建议一律不投资。

2. 项目对你来说没有绝对把握，你最好做成债转股，前期是债权，等公司盈利以后，才转为股权。

前期，只是作为无利息借钱给朋友，你也不懂这个行业，你也不参与公司管理，你支持朋友，所以是借钱，且没有利息。如果亏本了，不管5年、10年，朋友赚了钱后会逐步还给你，你承担的是延期回本的风险。注意写借条，参考前面"借款风险"中借条格式修改即可，同时，需要他配偶、父母或者孩子（成年人）作为担保人签字，防止恶意转移资产。

规定一个时间，到期查看项目的报表，没倒闭，则行权，要么，连本带利息将钱归还；要么，转换为之前"债转股协议书"写明的股份，进行工商登记注册。

3. "债转股协议"不合适的项目，但你又很看好这个项目，可你又不会管理，属于纯投资的，建议投资总额不超过总股本的

10%。最多不超过20%。你宁可多投资几个项目，也不要在一个项目上占股过大，俗话说，鸡蛋不要放在一个篮子里面。

4. 只要投资了的项目，建议谈判之前，就要讲清楚，或最好能安排一个你信任的人在项目中工作，可以参与财务、销售、原材料采购等岗位，做到自己心里有个数，在一定程度上掌握项目的发展。

5. **温馨提示**：所有创业项目投资，都是属于高风险、高收益投资，做好防范措施，假如亏损本金，千万不要影响心情，美好的生活还要继续下去。

6. 家庭风险投资总金额，请参考"标准普尔家庭资产配置图"配置步骤，把第一步、第二步、第三步家庭资产配置完毕后，剩余的资产，再去做高风险、高收益投资，这样，进可攻、退可守，跨越中产，就一定会实现！

第二篇
人生各阶段重点关注与应对措施

凡事预则立，不预则废！

如果你想掌控未来，你应该站在现在，看20—40年后对应的人生，了解未来，才能做出规划，才能确保未来财富更加安全，人生才能更加幸福！相信，未来的你，一定会感谢今天的你！

我们每天面对各种年龄阶段的客户、每天都在倾听他们，诉说各种喜怒哀乐，聆听他们的故事，我们也看穿了人间冷暖，以下五个章节，是我们总结了人生五个阶段，根据各年龄段高发的案例，书写的重点关注点与应对措施，希望在未来几十年，协助您跨越中产！

> 要是知道我会死在哪里就好啦，那我将永远不去那个地方。
> ——查理·芒格

第六章　成长期（夯实基础）

假如你的年龄在 20—30 岁，正处于初入社会阶段，也是即将开启丰富多彩的精彩人生。这个阶段，你会感觉生活压力很小，因为"一个人吃饱全家人不饿！"这个阶段，你的父母还年富力强，身体还不错，没有太大问题，不需要天天照顾。他们也有赚钱能力，不需要你给他们支付养老金。这个时候，你大概率属于交友阶段，拿钱养家的压力也感觉不明显，所以，这是你最快乐的时候……

但是，这个阶段，是你未来 30 年，人生奋斗阶段中最难得的轻松期。如果你在这个阶段抓住了时间和机遇，与同龄人相比，你会快一步，身边的朋友与你差距也会越来越大，你会发现，你比他们都要优秀，那么具体要做哪些呢？接下来，我给你逐一阐述。

第一节　现状分析及重要性概述

前面讲过，这个阶段，是你时间最多、压力最小的时候，你一定要在这个阶段提升自己的综合素养，怎么做才能提高综合素养，重点看第二章"持续增加本金"增加未来可控领域。这个章节，我不断地在强调提升自己的**无形资产，这是建立个人品牌的**

最佳方式，无形资产不可替代、不可交易买卖也不可逆转。在你认识到无形资产的重要性这一刻开始，靠自己来掌握，一旦掌握了，它就一辈子属于你，这是你未来几十年，创造有形财富的根基。

拥有财富让人快乐，但是拥有更多的爱，才能让人感受到幸福。

所以，除了要学习增加无形资产以外，还要学习如何建设好家庭，维护好家庭关系，重点查看第二章第四节"增加和谐资产"，通过阅读这个章节，如果你持续去实践，并与配偶、家人达成共识，我相信，你一定会有意想不到的收获。

> 只有让自己值钱，同时，懂得如何去爱一个人，如何与家人相处，才能在未来的人生中，游刃有余地处理各种家庭矛盾，掌握财富，跨越中产。

第二节　尝试了解更多的职业，找到自己定位

在这个阶段，你如果工作干得不开心、不顺利，你可以尝试多换几次工作，但是，每一次换工作，你不要总是去找外部的原因，要从自己身上分析问题，不断与自己对话，找到自己的不足，不断地提升自己，这才是最重要的。

选择职业给你以下几点建议：

1. 选择职业发展的大趋势，首先是，你从事的职业，未来不能被人工智能替代掉，会被替代的职业则没有前景；

2. 这个职业或这个公司，是否能让你持续地学习、提升知识、

开拓眼界，给你的培训机会是否多，未来只有学习型的团队、公司，才能立于不败之地；

3. 学习时间：当你所在的公司，没有给你安排更多的学习时间、没有不断地提升你，你要注意了，忙是毁掉未来的重要理由，再忙，都必须要给自己留出时间来学习成长，否则，是没有未来的；

4. 评估自身能力，看看通过自己的努力，能否获得你想要的收入与荣誉，这个问题很重要，很多公司喜欢阿谀奉承、论资排辈的那一套，哪怕你再努力工作，也不一定有机会提升，公开、公平、公正的晋升环境，对未来发展很重要；

5. 你要思考一下，你所在的团队文化，不管大公司、小公司，团队文化是不是积极的、正向的、友爱的、互帮互助的，这决定了你未来在这家公司持续生存的基础，也侧面体现了这家公司的文化；

6. 记住"能吃苦中苦、方为人上人"，在你这个阶段，千万不能贪图享乐，假如这个职业不能让你各方面得到锻炼、提升，那么给你再高的工资，你也要谨慎对待，因为，这个阶段，是你在给未来发展积蓄能力；

请记住："一个人五年的时间是否发生变化，以及发生怎么样的变化，取决于这五年内你与哪些人在一起、听了哪些不一样的课程，或者读了哪些不一样的书，做了哪些不一样的事，自己发生了哪些不一样的改变。"

7. 这个阶段，不管做什么，都是你大胆去创造的时候，一定要多听优秀人士的建议，不要固步自封，多尝试，哪怕失败了，也千万不要灰心丧志。**人生走过的路，每一步都算数，都能给你增加无限的阅历，去拼过、努力过，至少此生无憾。**

每个人的人生都是波浪型的，盘旋上升的，大不了失败了从头再来，但是，万一成功了呢？你不去尝试，你永远不会有新的机会，不管做什么，只要看见别人能够成功，自己就要去大胆努力尝试，别人行，我也一定可以。做任何事，只要有信心，敢于尝试，就成功一半了。

第三节 逐步建立自己的三观

什么是三观？

三观一般是指世界观、人生观、价值观，这是被大多数人所认可的三观，它们辩证统一，相互作用，崇高的真、善、美为三观的追求目标。

世界观：也叫宇宙观，是哲学的朴素形态。世界观是人们对整个世界的总的看法和根本观点。

由于人们的社会地位不同，观察问题的角度不同，形成的世界观也不同。应用于中产家庭的实践中，更多的是，我们要多学习宏观经济学，多了解世界格局的变化，对中国经济的影响、对自己的影响。良好的世界观是建立在热爱祖国的基础上，必须把自己的命运与国家的命运紧密相连，不能为了自己的一己私欲，在网络上、日常生活中，诋毁国家，（年轻人这个阶段热血方刚，看问题如果不够全面，很容易被人利用，要注意）发表不当言论，这将严重影响到你的前途，切记。

人生观：是指对人生的看法，也就是对于人类生存的目的、价值和意义的看法。

人生观是由世界观决定的。人生观是一定社会或阶级的意识形态，是一定社会历史条件和社会关系的产物。50年代、60年代、70年代、80年代……在不同的社会阶段，人们会建立不同的人生观。人生观的形成是在人们实际生活过程中，逐步产生和发展起来的，受人们世界观所制约的。不同社会或阶级的人们有着不同的人生观，所以，当我们面对不同阶段的人和不同年龄的人时，我们要与他们打交道，就要试图理解他们的人生观。

价值观：是指人们在认识各种具体事物价值的基础上，形成对事物价值总的看法和根本观点。

一方面表现为价值取向、价值追求，凝结为一定的价值目标；另一方面表现为价值尺度和行为准则，成为人们判断事物有无价值及价值大小的评价标准。一个人的价值观一旦确立，便具有相对稳定性。

案例分析：

比如，我的世界观，一定是建立在爱国的基础上，我会放眼全球，去观察全世界的经济、政治、军事、金融、法制、贸易等维度，辩证地思考问题。当我们这样做时，我们的格局、心胸、眼界，就会慢慢被提高。当见多识广、阅人无数、不断总结、提升自己以后，就会形成你独有的人生观，就会思考我应该如何与这个世界的人和事相处。

我通过近十多年的不断学习，找到了我人生的导师——稻盛和夫先生，看完他20多部著作以后，我不断地在工作中、生活中去验证他说的话，逐步形成了我自己的人生观："真、善、美！勤俭、诚信！敬天、爱人！"

我有了我的人生观以后，我就会以人生观来逐步指导我的价值观，我每天做的事，对自己的要求，对团队的要求，对家人、配偶、客户、朋友、身边所有的人的要求，自然而然，每一件事，就会以我的人生观来作为基准判断。

你会发现，物以类聚，人以群分，同频共振的人，就会相互吸引，相互鼓励。当人们拥有相同的价值观，聚集在一起，人生、家庭、事业，也一定会越来越圆满。

花若盛开、蝴蝶自来！

我以我的案例，希望能给你带来一些启示，20—30岁是你努力确定你自己"三观"的时候。

想清楚：

我是谁？

我这一生到底要什么？

我的人生应该怎么度过？

第四节 逐步建立自己的事业观

我1999年参加工作，我做过办公家具销售，从500元一个月，做到后来的1.8万一个月；开过洗衣厂，30多万资金投入，亏得精光，最后设备当废铁卖掉，卖了2.8万元，我郁闷了3个月；我又从2.8万起步，从新东山再起，再创业，再起步，创立洗衣连锁品牌，全国发展洗衣连锁……这期间，我到处去学习、培训，可以说累计花掉的培训费不低于120万，直到我遇到了盛和塾，我全面了解稻盛和夫的经营哲学以后，我被他深深地吸引了，我不断地在践行稻盛先生的人生哲学和经营理念，这让我获得了飞速的成长，我非常感恩稻盛先生，谨以此，我在这里一定要向你推荐他，稻盛先生，白手起家，一穷二白，截至目前，他创立了两家世界五百强，京瓷和KDDI。

在他78岁的时候，对航空业完全不懂的情况下，曾受到日本政府的多次邀请，临危受命，接手破产的日本航空。从2010年2月1日，稻盛和夫接手破产日航开始，到2012年3月31日，仅仅用了2年零2个月的时间，日本航空起死回生，成为了全球航空业的利润冠军，盈利高达2049亿日元，此时的稻盛和夫则功成身退，日航也在同年的9月19日重新上市。

如图所示：

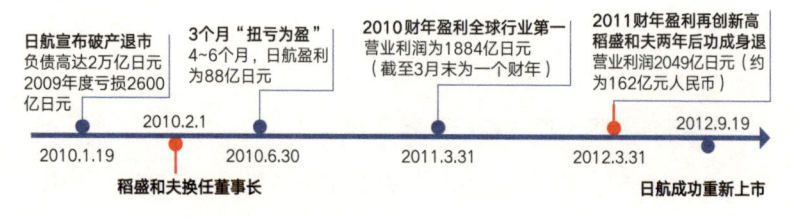

```
日航宣布破产退出              3个月"扭亏为盈"        2010财年盈利全球行业第一      2011财年盈利再创新高
负债高达2万亿日元            4~6个月，日航盈利     营业利润为1884亿日元         稻盛和夫两年后功成身退
2009年度亏损2600            为88亿日元            （截至3月末为一个财年）        营业利润2049亿日元（约
亿日元                                                                         为162亿元人民币）
              2010.2.1                                                                    2012.9.19
2010.1.19                   2010.6.30             2011.3.31             2012.3.31
              稻盛和夫换任董事长                                                          日航成功重新上市
```

图 6-1　稻盛和夫如何让日本航空再生图

我们所有的学习，都要跟成功人士学习，要跟大师学习。国内顶级企业家：任正非、张瑞敏、曹德旺等，都向稻盛先生学习过经营哲学。跟着稻盛和夫先生，在人生的思维层面，你能学到生活态度、哲学、思想、伦理观等健全人格，这些是人的最高行为准则。在实干方面，能学到如何经营、管理企业、会计七原则、阿米巴经营、六项精进、经营十二条、京瓷哲学等经营企业的实际操作。

如果要学习稻盛经营哲学，你可以在网上查询，或购买相应的书籍，也可以自学。你也可以在你所在的城市，查询一下，看看有没有盛和塾分塾，如果有，你可以加入当地的盛和塾进行学习。盛和塾是全公益、共建的学习型组织，旨在传播稻盛先生的经营哲学，帮助塾生之间实学、实践，其会费、学习费用极其低廉。盛和塾是系统性的，能手把手教会你怎么改变自己，经营人生，怎么做企业……只有自己的改变和提升，才能创造美好的事业。我以我的亲身经历，真实地告诉你，多多了解盛和塾，一起用正心、正念，修炼好自己，为美好人生打下坚实基础。

边工作、边学习、边寻找人生方向的时候，请慢慢感悟，逐步建立未来正确的事业观，我相信你，一定能够找到未来人生、工作、事业的发展方向。

第五节　正确的恋爱观

20—30岁这个阶段，是我们选择配偶伴侣的重要阶段。这个阶段一边忙事业，一边要花时间寻找到自己合适的人生伴侣，与伴侣交往的过程，其实就是在匹配你们之间三观的过程，天下没有绝对的完美，但至少二个以上的观念要相同，如果三观都不相同，只是为了美貌、金钱、权力，或者某一方面对我很好、很感动我，或者只是为了喜欢而喜欢，因为这个就要结婚，就有点危险。双方只是谈谈朋友就好，真的要上升到结婚生子的阶段，建议要非常谨慎，我们服务的有些客户，结婚以前，没有深度去思考过这些问题，在结婚生子以后，这些问题都慢慢地暴露出来，他们实在是忍无可忍，双方又不愿妥协，最后，离婚收场……

如何能够寻找到自己满意的人生伴侣呢？

1. 首先，心中要假设你的伴侣画像，假设一些条件（切合实际），然后，开启你的雷达，寻找机会。

2. 请记住吸引力法则。你越优秀，你吸引的配偶就越优秀，要不断增加自己的综合素质。

3. 结婚前可以多与几个异性交往，但是切记，不能同时交往，只能一个彻底断掉，再交往下一个，不能脚踩两只船，该断不断必受其害！

4. 要侧面判断伴侣是否身体健康。比如可以问问，有没有商业医疗保险、商业重疾保险呢，额度是多少呢，这么问有两个目的，第一，假如对方身体有问题，是无法投保商业保险的，如果没有商业保险，你就要注意了，是意识问题，还是身体健康的问题；第二，看伴侣，及伴侣的父母，是不是有风险意识、忧患意识，如果没有风险意识、忧患意识，则很有可能对方家庭成员，都没有商业保险，即使对方家庭再有钱，随着时间的推移，金钱会改变主人，没有锁定专款专用，对方家庭成员未来出现重大疾病、重大医疗时，很有可能加重你的经济负担，没有商业养老保险，意味着你未来的生活压力会更大。

5. 要不断地扩大人脉圈、学习圈，可以参考第二章第二节"无形资产"。在这阶段，你的时间是自由的，千万不要浪费在没有价值的事情上，请记住，一寸光阴一寸金！

如何能够过好幸福的婚姻生活呢？

请回看第二章第四节"增加和谐资产"，我相信，你一定会更有感悟。

选对人生伴侣，幸福你的后半生，家族至少兴旺三代人以上，跨越中产，将如虎添翼，配偶的选择太重要了。

第六节　为养育孩子做准备

医生，有"职业医师资格证"；财富风险管理，有"财富风险管理师资格证"；会计师，有"注册会计师证"；保险，有"保险从业人员资格证"；律师，有"律师资格证"；厨师，有"厨师证"……各行各业，为了规范职业水平，提高专业技能，增加交付质量，保证品质，几乎所有人都要经过系统性学习、考核，达标以后，统一颁发证书，但是，你想过一个事情没有？未来组建家庭以后，就要面临人类最伟大的工程，面临将你的生命延续，面临为推进国家繁荣付出你的力量，那就是准备养育孩子，而养育孩子是人生中最重要的事情之一，也是系统性工程、是科学工程，你有没有做好准备呢？有没有提前进行系统性培训呢？有没有哪个机构给父母发一个"为人父母合格证"呢？很多时候，我们往往是水到渠成，有孩子了就生，生了就养，假如，在有选择的情况下，平时多学，会不会好很多呢？

为养育孩子，建议做好以下准备：

1. 男士，首先要感受女士的十月怀胎，了解养育孩子的心理过程变化，可以去月子中心、月嫂培训中心、优质的产检中心，那里都会开设类似的课程。请男士务必高度重视，一定要去参与学习和培训，怀孕、养育宝宝，绝对不是女性的事情，如果有可能，你的家人、父母，要照顾孕妇的人全部都要参与。

怀孕期的女性、哺乳期的女性，由于孕激素水平发生变化，身体形态会发生改变。宝宝的到来，初为人母的思想、意识都会发生很大的变化，比如情绪会变得异常，时而低落、时而狂躁，这些都是孕妇本人无法控制的，这个时候，男士，如果不理解这种变化，就会认为女士是无理取闹，双方就会产生很多矛盾。如果男士，稍微忙于事业，冷落对方，也会让对方感觉很失落，长此以往，或许就会导致女性患上产后抑郁症……如果没做好自己心理和认知上的准备，在女性生完宝宝后，男性的一些无准备的做法会严重影响夫妻感情，影响孩子的成长，乃至影响孩子的一生。

女士，更要去学习这些课程，当你掌握了自己在怀孕、产后的这些生理和心理规律以后，你要尽量平衡、调整自己的情绪和心态，也要多理解男士，毕竟他们与女性的生理差异较大，不能达到感同身受。

夫妻双方，只有相互理解、包容、关心，生活才能越来越好，吵吵闹闹的环境会把家庭的风水破坏掉，不利于家庭兴旺，切记！切记！

2. 女士，一定要在准备怀孕以前，提前半年做准备，首先要去买一本类似于备孕准备的图书，比如丁国芳主编的《孕前 妊娠 分娩 育儿》，同时，要调理身体，把身体的各种指标调整到正常值。建议你最好去医院做全面体检，夫妻双方都要去，这样为优生优育做好全方面的准备。作息时间要健康，不能有长期熬夜的情况出现；远离放射源；远离各种空气污染源；不要吃垃圾食品。

当你知道你怀孕的时候，宝宝可能已经在你身体里面几周了，已经在快速发育了，所以，提前准备总是好事。

3. 高度重视胎教：自怀孕开始，孕妈妈就要开始思考，你想要把孩子培养成什么样的人，然后，你多学习、多了解相关的知识，然后有意识地与肚子里的孕宝宝说说话。还有，准爸爸，你一定要多多抚摸妈妈的肚皮，多和宝宝说话，用你的声音呼唤宝宝，把你想对宝宝说的，具有积极、正向、期望的话，告诉给孩子，多鼓励孩子。我是两个孩子的爸爸，也是亲身经历过两胎的父亲，相信我，一定有用的。

4. 你们夫妇共同准备这些事情，也是考察夫妻双方是否在心里做好准备的过程，心态是否成熟的过程，是否具备要孩子的条件，相信这个过程，会让你有不一样的感受……

5. 孩子出生以后，就要开始重点关注孩子的教育引导，哪些亲子教育对孩子成长有利，尤其是幼儿国学、幼儿体能训练、幼儿营养配餐……还有就是，对孩子的陪伴、思维、心灵的引导，也很重要。作为家长，努力赚钱的同时，更要多多学习亲子教育的相关课程，用科学的办法，陪伴孩子。

孩子引导好了，学习习惯养好了，学习上就会少操心许多，也不会花更多的钱在课业的学习上面，这也是在给你增加财富，更何况孩子的未来是无价的！

第七节 "朋友圈"定期清理

朋友圈一定要每年清理一次，近朱者赤，近墨者黑！

为什么要拓展人脉，以及如何拓展人脉，拓展人脉的重要性，我在前面的第二章第二节"无形资产"中介绍了人脉与社交，兴趣与爱好，持续学习三个部分，这里不再过多解释，请回看。

这里我重点讲述，定期清理朋友圈的重要性：

1. 社会上有形形色色的人，不是每一个人都是我们的朋友，我们要去找到与我们价值观相符的朋友，这个很有必要。

2. 如果不定期清理朋友圈，一些低能量的朋友会不断地消耗你，也会影响到你的事业和人生的发展。

3. 如果你的朋友，愿意听你的建议，愿意成长，为人很真诚，相互尊重，这类朋友你可以继续交往，共同成长，授人以渔，积福积德。但是，有些朋友，骄傲自满、狂妄自大、目中无人、阴险狡诈、心术不正、不思进取、躺平、消极、鼠目寸光、停滞不前、贪得无厌、得寸进尺、不懂感恩、不懂尊重，这类人，越快离开他们对你越好。

请记住，朋友既能成就你，也能毁灭你，你要训练出自己的火眼金睛，识别清楚值得你交往的朋友，远离那些负能量的朋友，未来余生，道路漫漫，相信你绝对有能力、有信心遇到生命中的贵人，成就你的一生。

第七章　加速创富期

第一节　现状分析及重要性概述

加速创富期：是指 30—50 岁，这也是我们开始成家立业，是事业、人生的黄金期，也是赚钱最多的时候，但是，负担和压力也开始出现，孩子陆续出生，工作、事业开始加速进入上升期，事业上挤占家庭的时间越来越多，陪伴家人时间越来越少，花钱开销越来越大，总是发现存不下多少钱……也许，你开始有点力不从心，有些焦虑，不过好在你们的父母还比较年轻，还能够帮助你照顾家庭，所以你应该感到庆幸，这阶段，一定要全力以赴努力工作，赚足够多的钱，因为，下一个阶段，也就是 50—65 岁才是你压力最大的时候，这个阶段你努力一点，下个阶段就会轻松很多……

不过没关系，我相信，通过前面各章节知识点的学习和实践，你和你的配偶、家人们，已经统一了价值观，已经完全具备了应对这阶段高强度、多方面压力的基础能力，那么接下来，我们一起走进这个阶段，一起看看家人们如何携手面对那些问题。

第二节　陪伴孩子的重要性

对孩子的陪伴，分为 0—3 岁、4—6 岁、7—12 岁、12—18 岁。

每个阶段的陪伴分为：生活照顾及生活习惯养成、学习照顾及学习习惯养成、心理辅导及思想观念引导、人生三观辅导及目标树立。

全家人，至少要对这 4 个板块做好分工协作，教育孩子是世纪工程，每个孩子来到这个世界上，都是一张白纸，都有无限的潜力，你希望孩子成为什么样子，你就应该多陪伴，多引导孩子，只有你持续不断地用正确的方式引导，孩子理解以后，才能活出他自己的精彩世界，由于篇幅有限，这里我只能是给大家一些总体性的思路，有机会可以多交流。如你遇到陪伴、教育孩子的问题，也可以多向专家请教，不断提升自己，这才是解决问题的根本。

这几个年龄段中，孩子 0 岁、3 岁、6 岁、10 岁、14 岁、18 岁时，全家人可以多去专业的摄影机构拍照留下孩子成长的印记，同时，把照片洗出来，给孩子建立一本成长册，记录你和宝宝或你们一家人一路的成长过程，也可以用手机拍照记录下平时的生活，但是专业的感觉还是不一样，它更有仪式感，让人记忆更加深刻，我建议你每年春节把相册都拿出来，一家人围坐在一起，看一看，每年都会有感受和体会到不断增加的感情和生命的意义。

本节，我们重点讲述陪伴孩子各阶段的重要性，关于学习、教育规划，在下一节重点讲述。

一、第一阶段（0—3岁）

建立依赖感：这阶段，孩子刚出生，主要重点应放在孩子生活照顾及生活习惯的养成上。这阶段的孩子还小，意识形态正在逐步建立，家中有专人照顾孩子的生活起居，作为家庭经济支柱的家人还是把重点放在事业上，这是可以理解的，但是下班回家以后，或是周末的时候，请你一定要尽量抽时间来，多多陪伴宝宝，多亲亲宝宝，多抱抱宝宝，多帮孩子洗澡，多陪他（她）们户外活动，记住，一定要多多录制你和他（她）在一起的视频，并且把生活中的点点滴滴记录下来，将来非常有用……

二、第二阶段（4—6岁）

建立信任感：这个阶段，我们要多陪他（她）参加早教活动，多陪他（她）参加各种户外活动，让他（她）感受到大自然、生命的伟大，多多让宝宝抚摸妈妈肚皮（最好抚摸皮肤，让宝宝感受亲肤感、知温度）。如果妈妈是剖腹产的，可以摸一摸妈妈肚子上的线缝，给他（她）讲讲妈妈十月怀孕的故事（积极的、温暖的、流露出爱的故事，不要讲不美好的，要给孩子种善因，种下爱的种子），让他（她）建立归属感，知道他（她）是从哪里来的，让他（她）无条件地、深深地爱上妈妈，感恩妈妈，建立起他（她）和母亲强大的爱的纽带。同时，妈妈要亲自告诉宝宝，不管任何时候，妈妈都会无条件地爱他（她），这是在为即将进入小学教育阶段的亲子关系做感情铺垫……

同时，对于平时陪伴较少的家长，这个阶段要把宝宝当朋友，一定要学会，蹲下来，和孩子平视，看着宝宝的眼睛，和宝宝交流，让宝宝把你当成好朋友，你和宝宝一起疯、一起玩耍，走进宝宝的心里，多告诉宝宝，你在任何时候，都是宝宝这个世界上最好的好朋友，不管遇到什么事情,一定要第一个给你讲悄悄话,这是在为你将来走进宝宝心里,做感情铺垫……

只有夫妻双方,分别提前做好准备,充分地让孩子感受到了爱与温暖,接下来孩子的十多年学习生涯、青春叛逆期才能平稳度过……

三、第三阶段(7—12岁)

这个阶段,孩子开始进入小学。注意,在小学1—2年级的时候,家里负责管学习的人,一定要每天放学陪伴孩子,指导、鼓励、陪伴孩子养成良好的学习习惯,今日事、今日毕,这个阶段多多付出,后面就要轻松很多。

陪伴的过程中,请记住,孩子还是小朋友,智慧开启有个过程,大人要有绝对的爱心、耐心,你也要把自己当成孩子一样,和宝宝一起学习,不要用吼叫的方式跟孩子沟通,否则孩子心里会留下阴影。

要及时地与配偶沟通,重点做好孩子的心理辅导与沟通,让孩子明白学习的目的和意义,要多多陪伴和引导孩子,让孩子对你说出当下的感受。你和孩子要换位思考,要在理解孩子的心理、思维以后,再加以合理引导,这个很重要。在每一次配偶与孩子的冲突发生以后,你要及时地沟通、梳理、引导孩子的思维,不能在孩子心里留下阴影,否则,青春期,你们夫妻可能将要面临很大的挑战。

这个阶段,你们夫妻二人一定要多多密切地配合,不管遇到孩子多调皮,教育以后,讲清楚道理以后,你永远要让孩子感受到你的爱,不能让孩子觉得他(她)就是在为你们而学习,是作为学习的机器存在，那就麻烦了。

孩子学习成绩好，就是好事，当学习跟不上，你想发脾气的时候，就把孩子小时候的照片、视频、成长相册拿出来，好好地回顾一下，想想孩子的美好、乖巧……这样你就释怀了，调整一下心情，与配偶一起打配合，继续努力吧。

在孩子4年级，也就是10岁左右时，孩子基本上都懂事了，这个时候，你对孩子还有很强的掌控力，多给孩子一些激励的文字，建议你可以打印出来，贴在孩子书桌前，很认真地告诉孩子，这一张纸上的文字会伴随你的一生，请记下来，好好实践。当然，你也可以加入你的想法。从小植入理念，慢慢地，孩子就会融入一生，初中、高中、大学、进入社会以后，你才能放心……

> 1. 信念：勤俭、诚信、真、善、美、敬天、爱人！
> 2. 执行：领导力、勇气、担当、果断、坚韧、雷厉风行！
> 3. 思维：积极乐观、倾听、沟通、理解、独立思考！
>
> **心**
> 用心、专心、细心
> 恒心、耐心、决心
> 爱心、关心、怜悯心
> 开心、真心、责任心
>
> ……………………
> **自律 + 时间管理**

文字是有力量的、有穿透力的，多给孩子看，相信孩子逐步就领悟了。

四、第四阶段（12—18岁）

这个阶段的孩子开始上初中、高中了，学习压力开始加大，进入青春期的孩子，自主意识开始体现，作为家长，我有几点建议如下：

1. 切记不要在孩子面前反复唠叨，说话干脆利落，点到即止。

2. 多问问孩子的心理感受，为什么会有这样的想法，把孩子当朋友一样，交换你的想法，给予你的建议。如果孩子坚持自己的意见，那么你就告诉孩子这样做的后果，看看孩子对这个后果准备好没有，你可以将一些案例、图片、视频，及其他的类似行为导致的结果，拿给孩子看，让孩子自己试图去理解，如果自己做出这样的决定，会有怎样的后果，让孩子更有担当。

我们尽量不要说教，不要将我们的思维强加给他，要想办法、用策略，一步一步引导孩子，这个很关键。如果将我们的想法强加给他，这个期间的孩子正处于自我判断、自我意识的形成期，本来主观意识就想摆脱大人，你再强加给他你的想法，那就适得其反。所以，要顺着他（她）的思维，先理解他（她）、肯定他（她），然后再一步一步引导他（她），让孩子自己说服自己，这个是一个技术活，多动脑筋，大概思路就是这样子。

回想前面，我是不是建议，在孩子3—6岁的阶段，父母多和孩子交朋友，走进孩子心里，到了12—18岁这个时候就起作用了，从小，他（她）和你无话不谈，这个时候，当他（她）遇到生理问题、学习问题、同学朋友的问题、尊严受损的问题、对金钱和学业的认识和思考等问题，都能向你敞开心扉，一一述说道来，寻求你们的帮助和指导，这样一来，你就有机会帮助孩子进行梳理，孩子的心理、思维、情绪等方面的问题都得到了解决，战略也就胜利了，接下来就是怎么学的问题，只要孩子自己想要学，那就很简单了。

培训班的选择，我建议要和孩子多商量，看孩子的心理接受能力，不一定要强加给他（她），要引导出孩子自己想学，再去考虑培训班的事情。

第三节 对子女教育规划

对子女的教育很重要，我前面在第四章第三节"教育风险"中，重点讲了孩子应该如何在教育上引导，请回看。

这里提出来再讲一遍，是希望你再次回顾，孩子教育的风险是非常大的，你要引起足够的重视，不是每个孩子都一定要考清华、北大等世界名校，你要培养的孩子是人格独立、能力独立、经济独立，将来能够在这个世界上好好地生活下去，拥有自己的一片天地的人，所以，你要多维度思考问题，自己释怀。

如果你的孩子高考完毕了，要给他（她）规划大学四年的生活，高考结束意味着孩子新的人生起点，不是高考完了就放松，也不是到大学去自由玩耍、没人管、放飞自我，而是要为下一步进入职场，做好最后的冲刺，把你给他（她）制定的"日常行为准备"为他（她）准备一份，让他（她）带到学校，贴在床头，时刻提醒自己，并以此来要求自己。这样，孩子即使离我们再远，我们也不用担心孩子学坏。

第四节　教育资金的准备

教育金的准备，第一，要考虑高中阶段，需要补充教育的钱，你一定要提前准备，这个费用应该不低。还有第二个花钱的地方，就是万一孩子很努力，考上了大学，或者想要出国留学，这都要花很多钱，我们大人没有钱，没有准备好需要的资金，就要耽误孩子一生，所以，我们不能留下遗憾！这个教育准备金也要早做准备。如果我们把钱准备好了，孩子确实由于各种原因考不上，我们也没有遗憾了，孩子就在身边，陪伴我们也挺好，你准备的钱，也可以作为孩子未来的创业金、婚嫁金，这都可以助他（她）一臂之力，待他（她）走上社会，努力拼搏，这都能为他（她）打下基础。

对教育金我们要做到在确定的时候，有一笔确定的钱，等到我们需要时，一定要做到专款专用。你可以选择银行理财产品、定期存款、短期国债，还有商业理财保险，从收益来讲，你可以多了解一下，看哪个产品更合适自己。有关具体每种理财的详细介绍，你可以参考看前面第五章"正确配置家庭资产"相关理财产品介绍。

第五节　照顾孩子与事业的平衡

我们在30—50岁这个阶段，正处于事业的黄金期，也是孩子成长的关键期。有的家庭，夫妻双方都在工作、拼事业，双方的父母（或保姆）协助照顾孩子；有的家庭，男方照顾孩子，女方拼事业；有的家庭，女方照顾孩子，男方拼事业，**不管采用哪种方案，家人们都要好好商量，找出事业与照顾孩子的最优解，才是最好的方案。**

为便于大家理解，我举一个案例，例如：一个家庭，妈妈选择在家陪伴照顾孩子，爸爸在外打拼，这里我就以妈妈为视角讲解（如果是爸爸在家照顾孩子，妈妈在外打拼，按这个逻辑换位思考就可以）。

孩子还很小，如果他（她）还是在 0—3 岁阶段，妈妈（或爸爸）是可以全程照顾宝宝的，这个过程中，如果有双方父母或其他长辈介入，帮助照顾宝宝是最好的，这样，妈妈（或爸爸）可以轻松一些。

但是，孩子只要过了 3 岁，进了幼儿园，我就建议妈妈（或爸爸）开始进入社会，从新开始工作，人是越耍越懒，这个是人性，人是群居动物，如果妈妈（或爸爸）天天在家带孩子，待习惯以后，她（他）所有的注意力都会放在孩子身上，如果孩子还小，那关系不大，一旦孩子 6 岁以后，进入小学、初中，甚至高中后，当孩子有了自主意识，你会发现，他（她）每天有很多问题问你，孩子每天接受的知识量可能比你还多，请问，你如何当好孩子的人生导师？ 你每天的注意力都在孩子身上，孩子会不会感觉喘不过气？你每天在家，又不工作，孩子会不会认为他（她）未来长大后的人生也应该是这样……

最后，你会发现，你把所有最美好的青春都花在孩子身上，孩子长大了，你老了，你和社会完全脱节了，你再想融入社会也晚了，除了把孩子养大，自己好像从未有过其他完成的事情，你的价值本该不止于此……我经常问我团队新加入的宝妈（宝爸）伙伴，这些就是他（她）们给我讲的心里话……

给全职宝妈（宝爸）的建议：

1. 孩子进入幼儿园以后，你要收拾好自己的心情、状态，然后踏入职场。你要告诉宝宝，妈妈（或爸爸）也要开始和他一起学习了，你要让宝宝从小知道，妈妈（或爸爸）也是很好学的。这个阶段的孩子早晚都需要被人照顾，建议你找一个相对自由、时间比较灵活的工作，以陪伴照顾宝宝为主，但同时，你也可以重新踏入职场，保证和社会不脱钩。

2. 孩子进入小学、初中阶段，孩子的学习压力逐步加大，**你要让孩子看见，你也和他一样，他在为自己的将来努力学习，你在为家庭的幸福努力地工作，你们都是在不同的领域做好自己的本职工作，都在克服一切困难，为家庭付出**。否则，孩子会想，我每天没日没夜地学习，那么辛苦，凭什么你就可以在家玩、看电视、逛街，每天只是做做饭，照顾下我的日常生活，这样的工作太简单了吧，如此，他会漠视你存在的价值，你也没法激发他的内在学习动力。

这个阶段中，你的工作最好保证下午5点钟以前结束，准时回到家里，陪伴孩子学习，并辅导他功课，陪他一起查资料，和他一起成长。我真心不建议，夫妻双方每天都忙着加班、应酬，每天下午5点以后，都是孩子一个人在家，长期如此，对孩子学习真的很不利，现在很多家庭作业，都需要父母陪伴孩子才能搞定。

如果夫妻双方都能走入职场，对家庭来讲是最好的，夫妻关系会更加和谐，家庭经济压力也会轻松很多，最重要的是，夫妻都能经济独立，谁也不依附于谁。经济独立，才能人格独立，这才是最大的自由。只是，照顾孩子的家人，就要选择灵活就业的工作，这样就能自主选择陪伴孩子。

3. 工作、学习的选择：灵活就业的这个人，如果是女士，可以多学习插花艺术，把家里装扮得漂漂亮亮，享受干净整洁的家；也可以学习美容化妆，把自己装扮得美美的，给家人一个温馨的家，让家人每天都想快点回家。而男士可以多多学习营养学，知道怎么更好地照顾一家人的身体；或者学预防医学，可以知道怎么预防重大疾病，学习一些金融理财知识，知道怎么把家里的财富打理好；多学一些法律知识，能协助配偶的事业更好地发展……

4. 当你具备更多能力以后，并由此获得许多荣誉以后，请记住，你获得的各种表彰、奖项、荣誉，一定要让孩子参与其中，尤其是，你要上台接受表彰，一定让孩子穿戴整洁，鼓励孩子和你一起上台领奖，这个时候一定很正式地告诉他，妈妈（或爸爸）要感谢你，是你自己独立、自主、努力地学习，才让妈妈（或爸爸）能够集中精力地工作，所以，妈妈（或爸爸）的功劳也有你的一半，我们要一起加油哟！简单的一句话，孩子心中获得无比的肯定、鼓励，慢慢地，孩子就会更加努力、自主地学习，因为他看见了妈妈（或爸爸）对他的信任和尊重!

请记住,你出来工作,不光是为了赚钱,最重要的是成为孩子的榜样!成为孩子心中的英雄,让孩子有自豪感!成为孩子的心灵与人生的导师!找到你自己,活出你自己的精彩!

5. 当你再次走入职场,你会发现,你每天都在和新的人、新的事、新的知识结构打交道,你会发现,你和你的配偶,每天都有更多的共同语言。白天各忙各的事业,晚上回家交流心得,相互之间更能够沟通、更能理解对方,你们的夫妻感情会更加融洽。

6. 人生都要经历几次起起落落,你再次进入职场,也是为家庭增加一个收入来源,多一个备选。

唯有自己独立、人格独立、经济独立,才能获得更大的自由,未来的生活才更加确定!

第六节 健康与财富,如何平衡

到了 30—50 岁这个年龄段,相信大家在各自的领域中都是中流砥柱,都是努力拼搏的时刻,但难免要花更多的时间在工作、事业、结交人脉上,这一点,一定要让配偶、双方的父母知道,你要经常与他们保持紧密的沟通,让他们知道你最近的状况,看见你在为这个家,在不同岗位上的奋斗,对于你没有太多的时间去关心配偶和照顾孩子方面,相信在充分沟通的前提下,他们都能对你表示理解。同时,你也要尽可能多花时间,多陪伴配偶,多多陪伴孩子成长,多教育孩子,这是你义不容辞的责任。

当今社会竞争压力巨大，你要在激烈竞争中拥有一席之地，相信常会出现这种情形：中午经常随便吃、晚上经常要应酬，吃的又是高脂肪高热量的食物。喝酒、熬夜、吃夜宵……这些行为，导致了心脑血管疾病的风险增加 20% 以上，高血压、高血脂、糖尿病，现在都呈现年轻化趋势。

我有一个好朋友，41 岁，忙于工作和应酬，由于前一天多喝了一点酒，晚上一个人回到出差的宾馆，第二天被人发现他突发冠状动脉粥样硬化，不幸离世……他留下配偶和 3 个未成年的孩子，留下两鬓斑白的父母，而他又是独生子，白发人送黑发人，他家人未来的日子怎么活……

我还有一个客户，是位企业家，47 岁，资产超过 5 亿元以上。他有高血压，某天早上 7∶30 起床跑步时，突发脑溢血，在强忍病痛下，简短地给家属留下了遗言，最后，没有抢救过来，不幸离世……他突然就离开了，留下配偶一个人管理企业 1000 多号员工，还有他的家人，该怎么办呢……

你说我们努力奋斗的目的是什么？

人生的目的和意义又是什么？

第七节 事业与家庭，如何平衡

为什么我会在本书的第二章第四节"增加和谐资产"中，重点强调管理好家庭关系的重要性和如何让夫妻成为一辈子的情人呢?因为,要跨越中产,迈入高净值家庭,这两项维护好了,我们将更快实现。俗话说"家和万事兴"、"夫妻合心黄土变成金",就是这个道理;反之,如果这两项没有搞好,后果就会很严重。我也见过身边很多朋友,从以前的"腰缠万贯"到最后的"妻离子散",还搞内斗、判刑,失去人生自由,这又何苦呢?

所以,如果有必要,请再次回看前面的章节,加深印象。

有些朋友相信风水,其实一个家庭最大的风水就是,家庭和谐,你作为家庭的顶梁柱、掌舵人,你的职责就是做好家庭各成员之间的沟通工作,让各神归位,各尽职责,确保整个家庭是积极、乐观、鼓励、轻松、愉快的。在为家庭付出时,就不能有责备、谩骂、消极、猜忌、鄙视、争吵、勾心斗角、自我主义……要做到这些,必须先从自我反省、检讨、沟通开始,要为家庭立公约,大家一起遵守,立刻改变……

记住,虽然"柴米油盐酱醋茶,平平淡淡才是真!"

但是,再平淡的生活,也要活出精彩,活出爱情的味道,

所以,你需要和你的配偶一起,做一辈子的情人!

> 只有平衡好了双方父母、配偶与事业的关系,家庭和睦、与配偶之间的感情可靠稳定,亲子之间感情良好,我们才能更加安心地拼搏事业,跨越中产才能更快实现!

第八节　对家庭的爱与责任是什么

只要我们成家立业，我们为人子女、为人夫、为人妇、为人父母，上对父母、下对子女、中对配偶，都要有义不容辞的爱与责任！

那么我们对家人们的爱与责任到底是什么？

你，思考过这个问题吗？

一、对父母的爱与责任

父母辛辛苦苦 20 多年把我们养育成人，帮助我们照顾家庭，照顾小孩子，让我们能够全力以赴创事业，我们的父母一天一天老去，我们将来拿什么赡养他们，假如有一天，我们走在他们前面，他们的生活怎么保证？如何才能有一个幸福的晚年？

二、对孩子的爱与责任

孩子是我们生命的延续，孩子承载着我们的爱与希望，在孩子 22 岁以前，他是没有赚钱能力养活自己的，请问，假如，有一天我们不幸身患疾病、突发意外，孩子 22 岁以前的学费、生活费、大学的费用、留学的费用从哪里来？如何，才能让孩子专注地、心无旁骛地专研学业？

三、对配偶的爱与责任

配偶为我们守护家庭、教育孩子、孝顺父母，而你是家庭的经济支柱，是家庭收入的保障，承担着养家的重担，为了拓展人脉，为了事业，你需要每天应酬、喝酒、熬夜，为了家庭，你熬红了眼圈、熬垮了身体，长期亚健康，增加了你身体被摧毁的概率。你每天忙前忙后，经常开车外出，为了事业，全世界满天飞，这也增加了突发意外、身故的风险。人无远虑必有近忧，万一哪天你干不动了，或突发意外了，留下的配偶、子女、父母，又该怎么办？

中国人，受传统思维的影响较深，不喜欢留平安书（遗书），这种做法是不对的，作为受过高等教育的人，我们要理性，要开明，要向死而生，要在好的时候，就要把这些事情想清楚，提前做好规划，你才能从容地面对这一切。否则，你每天这么努力是为了什么呢？

请记住：

在阳光下未雨绸缪，

才能在风雨中闲庭信步！

如何履行对家人的爱与责任：

1. 家庭资金量是有限的，建议首先给家庭经济支柱，也就是最赚钱的人，配置大额意外险、终身寿险、重大疾病保险（要看身体是否符合健康标准，建议健康以前尽快投保），这些费用都非常低，年龄越小、身体越好，投保的费用也就越划算，一年下来，也就是花费10000—20000块钱（一个月也就1000—2000元），但是，你就能拥有几百万上千万的保障，这都是几百倍的杠杆啊。但是注意：万一等你身体有高血压、糖尿病，或者其他疾病以后，再用高杠杆的保险工具就不行了，就要想其他办法解决。

注意，这个至少要保证到65岁，65岁以前万一出现意外、重疾、身故，你要能够给家人留下大几百万，上千万的赔偿，俗话说："要么人回家，要么一堆钱回家，给家人，留钱，不留债，保额延续爱！"

受益人，建议是你的父母、你的配偶、你的孩子，也可以分别考虑他们各有一些受益金额。受益人栏里：写清楚他们的名字、身份证号码、受益金额比例，一经确定，他们每个人，拿身份证就可以领钱，隐私性比较强，有利于家庭团结和睦，也能充分地把每一个人都照顾到，这个问题，建议和你的专属保险代理人具体商议一下（最好找专业的、大保险公司较为稳妥些）。

2. 家庭资金充足的家庭，可以设计"保险金信托"和"家族信托"，把钱交给更有实力的保险公司、家族信托机构，让他们帮助你规划、设计好"家族宪章"以后，助你实现家族财富跨越三代人以上的传承，让你的家族因为你的提前规划、按照你的意愿，实现代代传承，家族永续兴旺，这个就要非常专业的人士了，比如家族财富传承规划师、专业律师、保险金信托、家族信托机构，相信这些专业人士和机构能够协助你一起完成。

3. 基金定投。基金定投也是一个不错的选择，它就是给每一个人开设一个账户，每一个人有一笔专项资金，进行分开管理，通过市场投资盈利。但是，基金定投有两个缺点，第一就是没有投资杠杆，只有通过投资涨幅盈利，行情好还可以，万一行情不好，可能面临亏损；第二个缺点就是不好传承，容易出现争议。基金定投都会按照遗产进行处理，注意回看第四章第六节"继承风险"，这个就比较麻烦。

不管用哪一种方式，你在创造财富的黄金年龄，都要提前考虑这个问题，做到未雨绸缪，提前规划，总是好事！

第九节　对自己及父母的养老规划

未来，我们都是百岁人生，我在第四章第五节"养老风险"中重点讲述了百岁人生的相关数据，请回看。

千万不要说，我还小，还年轻，不用现在考虑这些事情。

养老，是从你知道的那一刻起，你就要高度关注的事情，只是，按照规划顺序，你需要先保障家庭基本生活、医疗、重疾、意外、教育准备金后，如再有多的资金，就要重点考虑并规划养老的问题。

如果你不考虑，那就后患无穷，强烈建议你和你的配偶，一起重点看看第八章第四节"深刻认知65岁后，我拿什么养活自己"和第十章"中、晚期养老规划"。对养老的规划，多了解一些好好思考，相信对你应该有帮助。

第十节　平衡现在的消费观与未来的规划

我相信你看到这里，会有一种感觉，啊，钱真的不够花呀，我还有好多地方要花钱呀！

是的，你回答对了，未来你要花钱的地方还有很多，这个年龄段才开始！

这就是我为什么在"第三章　节流、严控开支"中讲解控制开支的重要性，建议你回看，增加印象。我们在年轻的时候，千万不要过度奢侈，过度消费，只管当下，不考虑未来，如果你是这样做的，请立刻引起重视，与家人商量，调整规划，还来得及！

凡事预则立，不预则废！

千万不要走到哪里黑，就在哪里睡。

不要走一步算一步，这都是不负责，都是在逃避生活，如果是这样的人生，不要说跨越中产，这样的人生，再多的钱都会花光，生活只会随着年龄的增加，越过越难，最后，稀里糊涂过完一生，相信我，这些年我见过那么多客户，一大堆案例在支撑我的结论。

如果你想改变,请你参考第五章第一节"家庭资产应该如何配置"，严格按照"标准普尔图"来进行家庭资产配置，相信，美好的未来一定在等着你。

第十一节　评估家庭持续赚钱的能力

人生很少有一帆风顺的，通常在40—50岁左右时，我们会迎来一次事业危机，每个行业特性不同，时间略有不同。当你面临一次事业危机以后，你就要开始深度思考自己未来的规划了。中年面对事业危机，你要多听、多看、多了解，便于做出决策。

这个时候，你自己的信心是最重要的，相信自己，即使面临任何失业、失败，你都可以东山再起，请记住信心比黄金还要珍贵，一定要提前规划自己的人生，请回看第二章第二节"无形资产"，如果你按照书中指引，相信您一定可以增加未来可控的领域，更加从容地应对接下来职业生涯的各种挑战！

每个人都有几起几落，不管你现在是春风得意，赚得盆满钵满，还是现在很失意，处在最艰难的时刻，这些都不重要，重要的是，你在任何时候，最需要的就是你的配偶、你的家人的支持和鼓励，你更重要的是时刻要有居安思危的意识。

这里，我想补充解释一点，为什么我鼓励另一半也要出去工作，除了配偶是孩子的榜样以外，外出工作的配偶还可以保持和你的思维同步，配偶不脱离社会，也会增进你们的夫妻感情。还有，万一一个人出现失业风险，那么配偶，至少可以帮助家庭减轻负担，所以，最多把孩子带到3岁以后，配偶一定要积极走入职场，这是一举三得的事情。

只要你们夫妻合心，一定能够黄土变成金，人生没有迈不过去的坎！

如果你是再择业或再创业，给你几个建议：

1. 如果你兢兢业业，忠于自己的事业，干好本职工作，是否就能够得到积累、复利、管道式的收入呢？

2. 你选择的事业，最好退休后还能为你创造收入；

3. 你再选择的事业，最好等你退休以后，它还能成为你继续从事的职业，以备你应对百岁长寿人生；

4. 迈入百岁人生在未来可能性颇大，那你还要再次进入职场。现在的日本、韩国等国家，白发老人还在工作都是很正常的，那么，假如，出现养老金不够的情况，20年以后的你，做好职业准备没有？律师、医生、财税咨询师、保险咨询，这些都是越老越值钱的职业。还有：钢琴、民族乐器等兴趣爱好，如果自己培养好兴趣爱好，以后教育好自己后代的同时，又可以辅导其他小朋友，这些都是你面对再次择业可以考虑的。

第十二节　懂得放下与清空头脑

40多岁的年纪，已出入社会多年，我们经过打拼，已经是中产，是社会各行业的中流砥柱，已经通过多年的积累，让自己拥有一技之长，对自己的能力非常自信，但是，我想温馨提醒你的是，这样的想法往往容易让我们自满、目空一切、停止不前，你要想想，即使我们工作到65岁退休，也还有二十几年的奋斗期，未来的竞争异常激烈，这个年纪，可千万不能放松自己，也不能进入半退休状态，更不能去贪图享受。

虽然40多岁了，我们的身体会有一些变化，比如，熬夜没有以前厉害了，颈椎、腰椎都逐步出问题了，你可能想慢下来休息一下，我想告诉你的是，如果不抓紧奋斗，到了50—60岁，眼睛视力下降、记忆力下降、身体代谢机能下降、血脂浓度增高，经常半夜睡不着、白天睡不醒，这些情况都会更加严重，到了那个时候，你再想拼命奋斗，身体真的可能不允许呀，所以，40多岁的年纪，在你达到中产以后，要懂得清空自己，要懂得谦虚、好学，向身边各领域的专家，多多学习，提升自己的综合素质，增加自己的含金量，能够为未来开辟第二职业做准备，能够不断丰富自己的大脑，增加自己的不可替代性，岂不是更好！

如果配偶提出来想重新走入职场，那你应该多多支持，多多鼓励，只要是为国家、为社会做出贡献的，只要是正当的职业，只要是能够学习新知识，能够兼顾家庭的职业都应该鼓励。

这个年纪，我们在职场会遇到很多琐碎的事情，最好不要把工作的不愉快带入家中，对无关紧要的事情，我们要懂得放下，懂得清空自己的脑袋，把有限时间、有限的精力，放在重要的人、重要的事情上，祝愿你一切安好！

没有什么比家庭和睦，夫妻恩爱，孩子成才更重要，全家人只要团结一心，一定可以跨越中产！

第八章　守富期

五十知天命："知天命"不是听天由命、无所作为，而是谋事在人，成事在天，知道了理想实现之艰难后，努力作为，做事情不再刻意追求结果。

50—65岁，就是守富的时期，我们只能吃补药，不能吃泻药；对所有的投资，都要追求稳定，保本，安全第一，不可冒进。

第一节　对孩子的职业思考

当你处于这个阶段时，或许，你的孩子还在读大学，在读本科、读硕士，这个时候，你要提前帮助孩子规划未来，你也可以让孩子自己先规划自己的未来，但是，你要把握住方向，也不能过于强势，不能过多地阻止孩子的想法，毕竟时代不同了。回顾过去的岁月，每一代人的就业机会、商机，都是伴随着同时代的需求而来的，所以，孩子的想法，也不一定错，我们要做的事就是帮助孩子找到目标、建立目标以后，全力以赴地去鼓励孩子试错，失败了很正常，不能打击孩子，帮助孩子找到错误点，改正，继续前进，这个是父母应该做的。

假如孩子没有明确的目标，或者孩子的目标不够坚定，那我们用提前准备好的职业规划，给予其引导，给孩子作为补充方案选择，这也是一个不错的方案。

总之，在读大学或毕业以前，就需要给孩子梳理目标，让孩子带着自己的人生目标在大学里面学习，这样才对得起孩子宝贵的青春。我建议在大学期间，孩子多跨专业学习营销、企业管理、法律、金融、传播学，这些都是基础课程，可以跨专业学习，让孩子在大学期间忙起来。

并且，你还要经常与孩子沟通跨专业的学习情况，增加孩子出社会的含金量。

同时，你再回看前面内容，让孩子从小建立三观、建立找朋友的标准，免得交友不慎，遗憾终身！

第二节　对孩子择偶的引导

其实，在大学期间交朋友是最浪费时间的，且成功的概率又低，但是，你不准孩子交往朋友，这个有难度，只能正面引导，所以，你一定要经常看这本书，前面在第六章"成长期（夯实基础）"中全面阐述孩子在 20—30 岁时即将面临的人生，其内容都非常适合孩子重点看。

尤其是第六章第三节"逐步建立自己的三观"和第五节"正确的恋爱观"，请让孩子一定多看，并告诉孩子，首先建立自己的三观，搞清楚自己是谁，这样你才能找到三观相似的人，并努力和他（她）相互成就，开启更加美好的人生！

第三节 严防婚姻风险

转眼，孩子也许就毕业了。孩子毕业以后，很快就进入社会了。当孩子即将步入婚姻殿堂，提醒孩子与其配偶学习前面的第六章第六节"为养育孩子做准备"，希望小夫妻为优生优育做好准备工作。

同时，这期间，你要为你的孩子，考虑婚前财产的准备，你手里的资产，例如：房产、黄金、保险、现金等怎么传承给孩子呢？总的来说，这几类资产是可以留给孩子的，接下来我就每一种资产的传承，以及其优劣势分析一下，供你参考。

留房产给孩子：

1. 婚房、新房、装修，双方各出一半的钱装修，且共同享有产权，万一离婚，夫妻双方各占一半房子产权。

2. 重点回看第五章第三节之五中的"房地产投资"。

3. 对于多余的房产，婚前可以过户95%在孩子名下，5%留自己的名字在房产证上（防止孩子背着你去把房子卖掉）。房产过户的缺点就是，如果出现逆向继承（孩子先于父母身故），则绝大多数资产，就由孩子配偶继承了，详见第四章中的"婚姻风险"和"继承风险"，这里就不重复讲述。

留黄金给孩子：

1. 这个回看第五章第三节之四"实物黄金与纸黄金投资"；

2. 少量黄金的购买是个不错的选择，尤其是，纯黄金首饰，妈妈传给孩子，孩子再传给下一代，除了当传家宝外，也可以给孩子增加气场，不过这类产品不适合留太多，否则，就没有给孩子的配偶预留证明自己价值的空间了，反而会增加孩子的压力。

留保险资产给孩子：

请回看第五章第五节"低风险、中收益"。保险资产，被保险人是孩子，生存金领取的是孩子，孩子结婚以后，你可以大大方方地将其给儿媳妇、女婿讲："你们恩恩爱爱，好好过日子，都可以享受生存金的领取，享受我们给予你们的祝福（如果离婚了，就自动丧失受益资格）。"

投保人、受益人都是你自己，控制权也在你手里（防止出现逆向继承，前面多次提及，这里就不再介绍）。等孩子婚姻稳定了，有了小孙子，他们夫妻恩爱，女婿（儿媳妇）都孝顺你，你就可以考虑把投保人权利交到自己孩子手里，那个时候，再让孩子自己决定这个资产的处置。这样进可攻，退可守。

第四节　深刻认知 65 岁后，我拿什么养活自己

50 多岁时，我们要好好盘算下 65 岁退休以后要花多少钱了，同时，也要为夫妻二人，好好规划养老问题了，如果，还有 10 多

年你们就要退休了，10多年一晃就过了啊，现在再不好好算一下养老要花多少钱，到时候，怎么办呢？

一、65岁以后，每年养老开支有哪些？具体要花多少钱？

每个老人对生活品质要求不同，养老花费就不同。社会上常见的养老至少分为3种形态，分别如下：

普通人：养老生活水平是很低的，基本生活、基本医疗能满足就可以了；

中产：养老生活品质肯定就要更高，他们要满足康复理疗、营养配餐、指导运动、老年大学等要求；

高净值：养老要求国际化候鸟式—旅居—康复一体化的养老模式，满足营养、康复理疗、运动健身、老年大学、一对一医疗、个性化定制需求等专业服务。

三种养老生活，品质完全不同，现在，我就以中产中最低的养老生活为例子，做一个基本费用核算，以便大家根据自己的实际需求做测算。

案例：以现在40岁开始规划养老生活，25年后男性65岁开始养老，女性55岁开始养老来计算，如下表：

表 8-1 中产人群养老日常开支表

男、女性最低养老费用数据（40 岁开始规划）

核算公式	A	B=A×12	C=(B×1.025)[25]	D=(C×1.025)[25]	E=(C+D)/2	F	G=E×F	H	K=H×E
养老科目【刚需】	2022 年当下月均费用	2022 年当下年支出	25 年后, 65 岁时的年支出（以年通胀率 2.5% 储蓄时间 25 年计算）	25 年后, 90 岁时的年支出（以年通胀率 2.5% 储蓄时间 25 年计算）	平均年费用	男性养老时间	男性费用小计	女性养老时间	女性费用小计
生活费	2000	24000	44495	82491	63493	25	1587316	35	2222242
慢性病医药费	400	4800	8899	16498	12699	25	317463	35	444448
康复理疗费：腰椎、颈椎、风湿	500	6000	11124	20623	15873	25	396829	35	555561
物管、水电、燃气、通信	300	3600	6674	12374	9524	25	238097	35	333336
理发、染发、口腔、牙齿护理	200	2400	4449	8249	6349	25	158732	35	222224
衣服（普通价位）	300	3600	6674	12374	9524	25	238097	35	333336
人情客往、孙子红包	200	2400	4449	8249	6349	25	158732	35	222224
合计	3900	46800	86765	160786	123775		3094375		4332125

备注：以上费用，不含大项医疗费、娱乐、旅游、购物消费及其他不可预见费用支出。以上数据为自动计算，略有差异以 4 位数为准。

通过以上表格分析结论如下：

1. 以当下 2022 年为例，一个中产家庭养老，两口之家，涵盖全年的生活费、衣食住行、请客送礼、慢性病、康复理疗、口腔护理、通行费、水电气物业费等，每人均至少需花费 46800 元／年，夫妻两人则需要花费 93600 元／年。

显然这个费用也是目前中产养老最低的消费水平。以此为依据，每年增加 2.5% 的通货膨胀率计算（复利计算），65－90 岁，平均每年 12.38 万元／人，男性 65 岁开始领取养老金，到 90 岁为止，至少需要花费 309 万；女性 55 岁开始领取养老金，领取 35 年，到 90 岁为止，至少需要花费 433 万，夫妻二人，如果只是养老，就共花费 742.8 万元。

2. 注意，以上费用，不含大项医疗费、娱乐、旅游、购物消费，及其他不可预见费用的支出。

3. 假定，你觉得，你现在一年 46800 元不够开支，则还要提高养老消费的预算。

4. 以上费用，均不含半瘫痪、全瘫痪以后，请护理工人的工资。

5. 假如，我们要入住更加高端的康复理疗社区，则还需要一笔房屋租金，如下图。

表 8-2　男、女性退休后，假定 70 岁入住高端康复理疗社区的费用

核算公式	养老科目 【拎包入住—养老社区】	入住专业养老社区 （一室一厅价格）	合计
A	当下月均费用（以 2022 年 40 岁为例）	2500	
B=A×12	当下年均费用	30000	
C=（B×1.025%）30	30 年后入住养老社区成本	62927	
D=（C×1.025%）20	入住养老社区 20 年的年支出	116663	男女合计： 359.2 万元
E=（C+D）/2	70—90 岁期间预计平均年费用	89795	
F	男性入住社区年限	20	
G=E×F	男性费用小计	1795902	
H	女性入住社区年限	20	
I=H×E	女性费用小计	1795902	

案例：2022 年，入住专业养老社区（一室一厅）的价格为 2500 元／（月·人），合计 3 万元／年。30 年后，按照每年 2.5% 通货膨胀率计算，价格为 62927 元／年起步，再入住 20 年，或许正好到了你 70—90 岁阶段时，每年继续 2.5% 通货膨胀率，这时的平均年化租金为 89795 元／年，如果住满 20 年，则需花费 179.6 万元／人，如果是夫妻两人共同入住，则需合计租金：359.2 万元。

如果再加上上面每年最低消费的 742.8 万元，那你至少要准备养老金 1102 万元以上，才能保证夫妻二人入住高品质国际化养老社区。

6. 国家缴纳的社保，你每年能够领取多少钱呢？如果只是用社保工资，养老金替代率平均水平也就 35% 左右（养老金替代率 =

退休后每月工资÷在职每月工资），够每年养老的花费吗？如果不够怎么办？难道 70 岁以后，还要去继续工作赚钱养老吗？靠子女，靠得住吗？

二、65 岁以后，您一年退休工资有多少钱？

你想过，以你现在缴纳的社保工资，到了退休的时候，每年能够领多少退休工资吗？好奇的你可以向当地社保局查询。

我要提醒你引起高度注意的几点：

1. 我们是社会主义国家，我们的养老要照顾大多数人，不可能只给少部分搞特殊化。

2. 不要看现在的退休老人的工资还可以，那是因为他们是在 1996 年以前参加工作的，国家给予了特别照顾。

3. 养老保险金的来源，是现在正在工作的、为社会创造价值的年轻人缴纳的社保金用于统筹后，支付给现在的退休工人，换句话说，就是当下的年轻人赡养当下的退休人员。请问，等 20 年、30 年后，我们这批人老了，要等我们孩子那一代来养我们吗？

在 2022 年，中国新出生人口呈现断崖式下降，未来十多年，中国可能进入超级老龄化社会。到了 2057 年，中国 65 岁老人总人口将达到 4.25 亿人，请回看第四章第五节"养老风险"的详细数据，等到了那个时候，年轻人，有能力赡养这么多老人吗？

4. 请平时注意观察养老政策、新闻宣传，以及相关养老信息。

5. 求人不如求己，自己有能力的时候，最好早做准备，未雨绸缪。

三、假如活到105岁，我的钱够吗？如果不够，我该怎么办？

未来是百岁人生，前面计算了90岁时要花销的费用，接下来，我们再增加15年，看看养老费用还要增加多少？

1. 自己有房住的情况下，91—105岁基本开支：

表8-3 91—105岁基本开支表

核算公式	A	B=(A×1.025%)[15]	C=(B+A)/2	D	E=C×D	F	G=C×F
养老科目【刚需】	91岁当年年支出	15年后，105岁时的年支出	91—105岁年平均年费用	男性预估养老时间（年）	男性费用小计	女性预估养老时间（年）	女性费用小计
生活费	82419	119367	100893	15	1513397	15	1513397
慢性病药费	16498	23894	20196	15	302940	15	302940
康复理疗费腰椎、颈椎、风湿	20623	29868	25246	15	378684	15	378684
物管、水电、燃气、通信	12374	17921	15148	15	227214	15	227214
理发、染发、口腔、牙齿护理	8249	11947	10098	15	151470	15	151470
衣服（普通价位）	12374	17921	15148	15	227214	15	227214
人情客往，孙子红包	8249	11947	10098	15	151470	15	151470
信息分析	90岁当年支出	105岁每年	91—105岁养老月平均	年均开支	男性总计		女性总计
合计：	160786	232866	16402	196826	2952391		2952391

案例：超过91岁开始再花销，每年2.5%通货膨胀率，每年平均要196826元，到105岁时，每人合计花销295万元。2人合计花销：590万元

男女合计：5904781

备注：以上费用，不含大项医疗费、娱乐、旅游、购物消费、其他不可预见费用支出。

说明：

1. 假如到了90—105岁，继续在生存期，一个中产家庭养老，

2口之家，涵盖全年，生活费、衣食住行、请客送礼、慢性病、康复理疗、口腔护理、通行费、水电气物业费等，通过计算，90岁后平均每人196826元/年；显然这个费用50年后也是中产养老最低的消费水平；以此为依据，每年增加2.5%的通货膨胀率计算，男性到90岁开始，再领取到105岁，（196826元/年×15年）至少需要295万元/人；二人需要590万。

2. 注意，以上费用，不含大项医疗费、娱乐、旅游、购物消费、其他不可预见费用支出。

3. 假如，我们要继续入住更加高端的康复理疗社区，还需要继续支出。

表8-4 91—105岁期间男女性入住高端康复理疗社区的费用

核算公式	养老科目【拎包入住养老社区】	入住专业养老社区（二室一厅为例）	
D=（表8-2）D	90岁当年租金	116663	案例：91岁入住参考国际养老社区，116663元/年租金，每年2.5%通货膨胀率，91—105岁，共住15年，平均租金每人要142813元，每人要214.2万元，2人，租金合计：428.4万元
J=(D×1.025)^{15}	91—105岁以年2.5%通胀率，计算105岁当年租金	168963	
K=（D+J）/2	91—105岁时预计平均租金	142813	
L=90—105岁	男性预估住宿年限	15	
M=K×L	15年总费用	2142194	
N=90—105岁	女性预估住宿年限	15	
O=N×K	15年总费用	2142194	

当你 91—105 岁时，更需要入住国际康复社区，这时候每人每年平均花费 142813 元，**两人则需要 285625 元／年，住满 15 年，还需要准备 428.4 万元的租金。**

再加上日常费用，两人预计花费约 590 万元的价格。

百岁人生来临，在 91—105 岁的阶段，养老金的准备，至少要（428.4 万元 +590 万元）=1018.4 万元及以上，这样，夫妻二人才能保证高品质、国际化、全天候的养老生活。

汇总：如果计算年限为**男性 65 岁退休至 90 岁，女性 55 岁退休至 90 岁，两人合计养老需要 1102 万**；如果再往后，即 90—105 岁阶段，则两人需要合计再花费 1018.4 万。总的计算下来，百岁的人生，夫妻两人一共要花费 2120.4 万，才能达到高品质的养老标准。

所以，养老一定要尽早规划，靠强制储蓄、靠专项养老金规划、靠复利、靠工具、靠时间，来给我们建立一个持续增加的养老现金流，只有每年递增的资产，才能给予我们稳定的养老保障。

四、慢性病、年老体衰后，还能继续去工作吗？又能干多久呢？

当你了解未来的养老现状以后，你就能明白为什么，我要花这么多内容来做讲解、做数据预测，还要告诉你，现在一定要加倍努力工作，多提升自己的职业技能，让自己拥有不可替代性，努力跨越中产。多存钱，不要乱花钱，要用好金融工具，来给未来一个确定的养老保障了。

说实话，我看见日本等国家有很多白发苍苍的老人还在努力地工作，真的内心悲凉，我不想我身边的朋友们，未来老了还为了生计工作，这太辛苦了。

你去看看日本电视台 NHK 拍摄的纪录片《老后破产》，韩国作家高得诚、郑成镇、崔秉熙所著的《30 年后，你拿什么养活自己？》这本书，相信你看后会有很大感触的。

显然，我们上年纪了，没有做好足够的资金规划，也是必须要去工作的，毕竟年纪越大，越向往生的希望，我们年轻的时候，是感受不到老人对于生命的渴望的，所以，即使有了慢性病、年老体衰，但没有足够的资金养老，那么，只有去工作，这就是日本的现状……

来吧，现在知道就不晚，从你看见这本书开始，立刻着手准备，开源节流，调整资产配置，尽快与你身边的财富规划师、风险管理专家、商业保险规划师一起，好好规划一下你们家的养老资产、各种养老保险（越早规划，越便宜，领取越多），一定要用好工具，用复利尽快锁定时间价值，保证活多久领取多久，最好每年递增，给付到我们终了的那一天，给自己、给配偶一个确定的与生命等长的养老现金流保障。

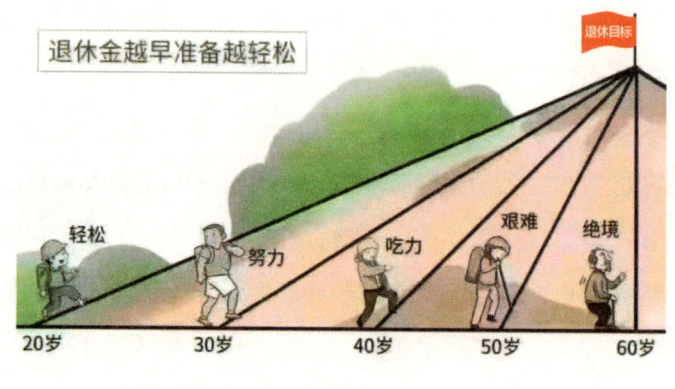

图 8-1

第五节 财富传承

一、财富传承的历史背景

当我们跨越中产以后，拥有了更多的财富，同时把自己的各种资产按照顺序配置完毕以后，尤其是把自己的养老资产规划完毕以后，如果还有剩余的钱，接下来，你就需要好好思考，该如何将这笔钱传承下去。

有时候，我听见有些个人引用曾国藩的家训："儿孙若如我，留钱有何用，儿孙不如我，留钱有何用！"我第一次听到这话，感觉似乎有点道理，于是，我就去查询相关资料，在CCTV百家讲坛郦波（南京师范大学副教授）讲述的《曾国藩家训》中也讲了这个典故，其描述曾国藩以严厉治理军队、以清廉作为当官的楷模，他身故以后，确实没有给子孙留下任何财富。有一年他二儿子身染重疾，大儿子家里也没钱给弟弟救治，最后只能托人求助李鸿章，李鸿章曾经是曾国藩的弟子，他看见曾国藩确实清廉，自己儿子都要死了，却没钱医治，于是李鸿章慷慨解囊，拿钱给曾国藩的儿子治病，这才捡回来一条命⋯⋯

我们来分析一下：

1. 首先，要有曾国藩是李鸿章老师的这个经历，李鸿章才能拿钱救治他儿子⋯⋯如果你我的子孙，未来遭遇生命的危机，要到处求人借钱的时候，有人借还好，要是没有人借钱，是不是我们的子孙就只有等死呢？ 我没有曾国藩的威望，也没有李鸿章这样的学生，我不敢保证我不在了，我的孩子有求于人时，有人能答应⋯⋯

2. 曾国藩是从政的，他以清廉为官，是世人的榜样，自然也就不会留钱。

3. 中国古代的康氏家族发源地在河南洛河，因当时的慈禧太后册封"康百万家族"，其才文明于天下，是明清以来对康应魁为家主的康氏家族的统称。康氏家族富裕了十二代，有400余年的历史，曾富甲三省、船行六河，拥有土地18万亩，财富更是无计其数⋯⋯其家族之所以经久不衰，就是谨遵其家训"忠厚、留余"为治家之本。其中有三条"留有余，不尽之禄以还朝廷；留有余，不尽之财以还百姓；留有余，不尽之福以还子孙"。这充分说明，古时候作为商人的本分就是要赚钱，有钱了，就是要上交税收给国家；作为商人，有钱了，就要解决更多的就业，造福更多的百姓；作为商人，自己不要把财富耗尽了，要想着留给子孙后代……

总结：曾国藩作为政治人物，他的角色身份，说这句话是没有错的，我也非常认同，当官、从政就是要清廉，就是要以身作则，为民谋取福利，实现政治抱负。

康应魁作为商人，他的本分就是要经营好生意，多向国家缴纳税收，多解决就业问题，好好培养自己的子孙后代，继承自己家族的意志，把生意做得更大，缴纳更多税收，解决更多的就业问题，这是康氏家族的责任和义务。他们都尽到了自己的本分和职责……

我们要把我们的子孙培养成什么人呢？他会从事怎样的职业呢？ 这些问题值得思考。

二、当今财富传承的必要性

除了研究我国近代金融家的兴衰历史外，我也研究了国外著名的金融家及其家族的历史。

内森·罗斯柴尔德于1800年在英国伦敦开公司——创业，至今有220多年的历史，据不完全统计，财富已达五十万亿美元，奔驰、罗斯柴尔德银行……都是旗下的产业；

洛克菲勒家族，至今兴旺了六代人，创始人约翰·D. 洛克菲勒（1839—1937年）创建了标准石油公司，实际上就是美国石油业的开始，其旗下公司还有：大通银行、洛克菲勒基金会、洛克菲勒中心、芝加哥大学、洛克菲勒大学、现代艺术博物馆，洛克菲勒家族的财富已经成为传奇，无从考证；

美国的杜邦家族（化工、通用汽车）、摩根家族（铁路、钢铁、电话、电力、银行、保险）、沃尔顿家族（沃尔玛）、玛氏家族（玛氏集团）、科赫家族（科氏工业）、梅特海默家族（香奈儿）、迪马家族（爱马仕）……这些都是几代人、十几代人的财富传承，才有今日之财富帝国……

我国经历了改革开放40多年，在中国共产党的带领下，人们过上了幸福的生活，国家安定团结，中国国际地位也越来越高，国家经济体量越来越大，民营企业、私人合法财产受到法律保护，不可侵犯，其间必将涌现出一批优秀的企业家。我相信随着我国家族信托业的兴起，未来10—20年，我们创一代的企业家，即将开始出现大面积传递接力棒，迎来家族传承的高峰期！

试想一下，您通过科学的制度、法律的手段，结合一个团体，一同设立"家族宪章""家族信托""股权信托"，把您的财富做好系统性的管理和规划，以法律文书的形式确定下来，当有一天，我们不在这个世界了，我们一样能够对子孙形成奖、惩机制，从金钱上、从制度上，对子孙们的医疗、生活、学习、婚嫁、收购、创业都分别给予以下充分的支持（部分举例）：

1. 让子孙们在0—25岁，能够心无旁骛地好好学习，父母能够从小陪伴在孩子的身边，给予他们家族文化的教育和熏陶，可以不再为了生计而奔波，不再因为没有时间，疏于照顾孩子，而愧疚对孩子的陪伴和教育。有了这份财富作为生活的基础保障，相信你的子孙能专心传承你制定的《家风家训家规》、从小有机会获得最好的教育机会、从小不输在起跑线上，世世代代成才的概率会大大增加。

2. 在25岁以后，给予子孙们创业支持，让他们去体验商战的快乐、血雨腥风，步正道，逐步让他们走向未来。或者让他们潜心专研科学技术，又或者让他们把自己的兴趣爱好专研到极致，成为各领域的大家……

3. 在他们结婚的时候，给予婚嫁金支持，让他们与配偶在一起好好过日子；如果婚姻出现破裂，家族财富一分钱也分不走，让家族财富免受子孙婚姻风险的侵蚀，永远留在家族内部。同时，这也是保护子孙后代人生安全，让子孙们的婚姻更加幸福。婚姻本应纯粹，没有利益。

4. 当他们30多岁时，面临新的投资机会，万一出现投资失误，也不会出现"投资败家"的惨况……又或者面临各种政治风险、担保风险、诉讼风险，"家族信托""家族保险"就是家族财富的防火墙、隔离墙，确保家族资产安全，是整个家族东山再起的本钱……

5. 25—60岁，是子孙们自我奋斗的年纪，"家族保险""家族信托"可以不给予日常费用补贴，同时又对子孙们有监督作用，如果子孙违法、犯罪或做出对国家、对人民有害的事情，则永久丧失受益资格。

6. 当子孙们到了 60 岁，达到退休年龄时，"家族保险""家族信托"又会每月给家族成员发一笔养老金，让子孙后代们养老无忧，只需子孙后代们在 25—60 岁努力为国家、为社会、为人类做贡献，无私奉献即可，不必思考长久回报及养老的问题，不必去铤而走险做违法乱纪的事，这样子孙们会更加纯粹、心无旁骛地努力奋斗。

7. 当子孙们老去时，他们的财富也会回到"家族信托"里，生命的轮回、财富的轮回，就这样，一代人站在一代人的肩膀上，一代更比一代强，只要国家还在，就一定能够一代一代传承下去，家族一定能够越来越兴旺！

更多细节需要单独设计……

过往我们都是白手起家，没有接受过上一辈的传承，也没有向下传承的经验，而今时不同往日，古有"康百万家族"能够兴旺十二代，外国也有众多的家族能经历上百年的历史传承，我们也一定能！

由于篇幅有限，这里我就不展开讲解，家族财富传承是一个系统性的工程，未来有机会，我再做系统性讲解。

三、如何传承财富

财富传承，分为两部分，第一是物资传承；第二是精神传承。

物资传承就包括：现金、不动产、非上市公司股权、上市公司股权、古董、字画、版权、珠宝、黄金等等，通过使用"家族信托"、"上市公司股权信托"、"非上市公司股权信托"、"遗嘱继承权公证"等一系列法律工具、金融工具，并在一系列专业人士的帮助下，委托人可以梳理清楚资产的情况，然后根据委托人自己的意愿，梳理清楚需要照顾的目标人物，再选定监察人，一同设立"家族宪章"，根据委托人的托付，结合专业人员意见，逐一完善每个人专属的"信托文件"，其私密性强、安全、隔离、保护都能具备，充分地实现家族财富的永续传承。

中国目前从事"信托"牌照的企业有68家，注意，目前多数从事的是理财型信托，和我讲的"家族信托"有差异，您最好选择专业从事家族信托、家事委托的信托机构，而且股东背景很重要，对您的未来更有保障。

"家族保险"是对信托的资金加风险杠杆，比如，直接做"家族信托"需1000万资金起步，如果换个方式，用1000万，可以先做成"家族保险"，根据年龄的不同，杠杆比例就不同，起步撬动也许就是5000万，乃至1亿元保额进入"家族信托"。具体的操作，要根据委托人情况，一事一议。"家族保险"对保险公司的选择至关重要，同样第一要素要考虑保险公司的股东背景、经营能力，它是否能永续存在，这个很重要。

精神传承是指，设立《家风家训家规》，确定三观，把您的创业精神、对子孙的规划、您的意愿、您的创业理念、治家理念、治企理念……通过法律文书、制度等确定下来，对子孙后辈提出明确的要求，对子孙指明方向，这样，子孙才能站在您的肩膀上，飞得更高，看得更远，才能更快地人才辈出……

完善的财富传承需要二者兼备，这就是我在研究的领域。这里篇幅有限，不做过多展开，只是给您抛砖引玉，而当下，您需要做的就是努力奋斗，全力以赴跨越中产，待您功成名就需要传承财富时，我们都会在您身边。

第九章　家族文化传承期

活力养老 65—75 岁，到了这个阶段，辛苦半生的您是该好好休息的时候了，回首过往，您白手起家，一步一个脚印，与配偶一起含辛茹苦把孩子们养大成人、成才。在家人的陪伴和帮助下，您的事业越来越兴旺，您的财富管理、分配也井井有条，接下来的 10 多年，是您享受生活、感悟生命的时候了。扶孩子上马，送孩子一段路程，在一松一紧、张弛有度的教养中，成就孩子人生的重要时刻……

第一节　畅游世界与助力家族兴旺

年轻的时候，您有时间，但没有足够多的钱；有钱的时候，却没有足够多的时间。而在 65—75 岁这个阶段，您有钱，又有闲，所以我建议您与老伴一同，结伴而行，去全世界看看，把您以前想去又没去的地方，都好好地去游览一遍，读万卷书，不如行万里路，行万里路不如阅人无数，这期间的游玩有几个目的：

1. 确实需要放松心情、锻炼身体，修身养性，就像汽车要做大保养一样，这个时候，您们夫妇也就当好好休养身体，为迎接接下来的百岁人生做充分的准备。

2. 全世界游览的目的，也是开拓更高的格局，相信以您的智慧，看遍世间风土人情的同时，也一定会再发现新的机遇，这也是在给孩子们做新的向导。

3. 游历全世界名胜古迹归来，我相信您的人生观和格局会有新的感悟，此时，您的孙辈们应该开始茁壮成长，当您们夫妇游历得差不多的时候，我相信，您会想干另外一件更加伟大的事情，那就是，从新再一次梳理《家风家规家训》，让其提高到更高的高度。接下来，您是否想过，协助儿女们更好地教育孙辈们呢？

第二节　协助子女，陪伴教育孙辈

在我众多的客户中，我发现一个普遍的现象，那就是大多数是孩子的父母在管理孩子的学习，其主要是妈妈在辅导学习。有句俗话"平时母慈子孝，一辅导作业就鸡飞狗跳！"大多数年轻人，白天忙于工作，傍晚到家筋疲力尽，还要接孩子、做饭、辅导功课，长此以往，耐心消磨掉的时候，难免情绪不太稳定，这也是可以理解的。

我想温馨提醒您的是，**孩子是家族的未来，是家族的希望，不管是孩子，还是大人，要想取得成就，就必须要付出努力做好每一件事，而做好一切事务的源头来源于思维方式。**

对小孩子的教育也是一样的，所以，想教育好孩子，不管学习还是生活习惯，都要首先让小孩子明理，启发他的思维，让他主动地从被动学习的思维转变为主动学习的思维，这个过程非常重要。

当您发现孩子们在与孙辈的沟通中出现"鸡飞狗跳"的情况以后,请在事后单独与您的孩子们沟通,要注意沟通的方式、态度,多引导孩子的思维,如果孩子们听不进您说的话,您可以先带他们学习亲子教育或如何与孩子们沟通。

在空闲的时候,您也可以多询问孩子们,引发冲突的原因是什么,询问事情的经过,然后,再去问问孙子们对这个事情的看法和过程,我相信,经由您的客观分析,一定会有更好的思维解决问题冲突。请一定要多多关注孙子的感受,很多时候,孙子们的思维,很能启发和感动我们……

您身经百战、阅人无数,一定要多给孙子们讲讲人生哲理。从每一个人生哲理,映射到孩子们的学习目标、学习方法、学习习惯上。教会孩子自律才能自由,让他们学会时间管理,养成独立的生活习惯。孩子所有的能力都是反复训练、反复提醒,呈现波浪式上升的。有一点成绩就要鼓励,有一点退步就要友善提醒(不是批评和冷嘲热讽),这个过程中一定要有爱,一定要(目光和心态)平视交流,您不能趾高气扬、拿家长的架子打压他们,这个绝对是不行的,尤其是当他们到了青春期以后,如果您采用这样高压的方式,那时候,就麻烦了。

所以,建议从小引导孩子:

1. 先讲您的观念和理念,多多引导其思考,明确做事情的目的和意义;

2. 做给孩子看,手把手地教;

3. 让孩子自己做，您在一旁观察，观察、引导、陪伴、反复训练；

4. 总结分析，反复出现问题，不能责骂、不能给孩子贴负面标签，切记、切记、切记……

5. 再循环，再做给孩子看，再让孩子自己做做看……

6. 每一个天才，都是用耐心和爱心浇灌出来的。

孩子们的潜能是无限的，您仔细观察子孙们的一言一行，您一定会发现他们无数的闪光点，我衷心地祝福您的家族兴旺、子孙们人才辈出！

第三节　精神传承【家训、家风、家规】

这个阶段，如果您有时间，您又喜欢总结、喜欢看看书、喜欢安静地思考家族的未来，那么，我建议您多看看国学类的书籍，其中，四书五经为首选，所谓四书，分别是《大学》《论语》《孟子》《中庸》，看完以后，再看五经，所谓五经，对应《周易》《尚书》《诗经》《礼记》《春秋》。 这其中以《大学》为首，反复多看、多诵读，读100遍跟读1遍的感受完全不同，建议您最好读原文。

未来几十年，中国必将崛起，中华文化必将屹立世界之巅！

您还有几十年的最美时光，如果您能以国学智慧再次引领儿孙们向着更高的山峰攀登，相信您的家族，未来必定以您为荣为傲！

每个家族的兴旺都需要几代人为此不懈努力，我推荐您研究一下国内外历史上的几个著名家族的《家训家规家风》，我相信，我们用不同的视角、不同思维方式一定能收获不一样的结果。

建议您的孩子：

喜欢政治、文学、军事方面，建议孩子多读《曾国藩家训》；

喜欢商业、金融，建议孩子多读《康氏家训》；

喜欢科学科技，建议孩子多读《钱氏家训》。

想要成为全球化商业精英，首先要系统性学习研究《稻盛和夫经营理论》，其次，再研究《哈佛家训》《洛克菲勒家族》《匡特家族》《罗斯柴尔德家族》《沃尔顿家族》……

研究完毕以后，您再根据您前半生自己的经历，提炼出属于您的家族特有的《家训家风家规》。

由于历史原因，我们以前从来没有被父辈系统性地传承过，也没有向下系统性地传承经验，所以，今天从您开始，您的家族即将进行系统性规划与传承，我相信，以您家族成员们的智慧，一代一代地传承下去，您的家族必将熠熠生辉！

第四节 对体检的认知

70多岁了，您一定要高度关注自己的身体健康，尤其是牙齿、口腔，一定要定期检测，在牙齿上不要节约钱，牙齿好了，咀嚼功能才会好，才有食欲，才能更好地促进消化吸收；

良好的生活方式、良好的心态、正确的知识和认知，是健康的基础保证；

所有的疾病，都是预防重于治疗，我们一定要用积极的心态面对深度专业体检，所有的重大疾病都是由小问题、轻症、中症、重大疾病，逐步演化而来的，只要我们在疾病的极早期发现它，比如在基因突变、结节、病灶点、原位癌以前，我们如果发现异常，这个时候，我们调整作息时间、注意饮食结构、早睡早起、有氧运动并早期干预，都能快速把身体调理好，很多重大疾病，都是没有健康意识、不重视、拖延导致的。

每年一定要守护身体且以下指标要重点关注：

1. 重点关注病史的项目（防止遗传基因进入病变，可极早期干预）。

2. 每过1～检测（提前探测突变基因）。

3. 多了解干细胞，多了解日本再生医学、基因检测、免疫治疗、恶性肿瘤预防知识，这些都是未来百岁人生的必备基础知识。

科技日新月异、在不断进步，多了解后，给您的健康身体提供了基础保证，我们快乐、持续的老年生活才刚刚开始。

第五节　对养老的思考

75 岁以前，您把孩子扶上马，也送了他一段路程，孩子能够独立当家作主，掌控整个家族了，孙辈们也学业有成，能够逐步独当一面，这个时候，您就要思考，如何美好地度过您圆满的人生了。

> 70 多岁以后，未来还有 30 年时间，我们在哪里度过呢？
>
> 我们是在自己的家里，老两口自己相互照顾养老？
>
> 是跟子女住，子女给我们养老？
>
> 还是去社区的养老院？
>
> 或者去商业性质的国际康复理疗一体化的康养社区呢？

您先不要下结论，都去参观参观、多看看，再做打算，我给您把几个模式都介绍一下。

一、住自己家养老的优劣势分析

住在自己家里，房子是自己的，不用给租金，住了几十年，也有归属感，这当然是一个不错的选择。只是你可能面临几个问题，需要思考以下几点：

1. **孤独**：有时候会想，会不会孤单了一点呢？每天除了你们夫妻二人，孩子们都忙自己的，逢年过节才能回来一次，有时候想说个心里话都没有其他倾诉对象，心里孤单寂寞是最大的安全隐患。

2. **心灵的陪伴**：住家周边没有老年大学，你又想多学习一些爱好、技能，也不好找老师或找培训中心，自己的兴趣爱好没地方发挥。

3. **行动不便**：房屋老旧，设施设备维修更换比较麻烦，偶尔腿脚不方便的时候，想要出去逛一下，都不方便。

4. **营养不良**：只有老两口自己日常吃饭，如果做多了，吃不完，怕浪费；做少了呢，菜品不好搭配。长期这样，可能会造成营养不良，钙质流失严重，蛋白质吸收不够，维生素、矿物质也吸收不好，不但加剧您的衰老，生命品质下降也较快。

5. **紧急救护不及时**：上了年纪，高血压、高血脂、高血糖、心梗、脑梗、冠心病、关节炎等慢性病高发，万一突发，这需要紧急救护的疾病，老两口住在自己的房子里面，能否及时救治，这个问题要思考。

6. **防止摔伤导致二次感染伤害**：老年人的伤害，最怕就是摔跤，上年纪了，如果营养吸收又不好，牙齿又不好，心情又郁闷，更容易导致伤口愈合缓慢，感染引发其他并发症，这个也要注意。

7. **归属感**：自己家里还是有归属感的。只是，占着一套上百万的房子，还需要花费额外的钱用于养老金的补充，从投资的角度是否划算，这个问题要思考。

8. **养老设施、设备**：卫生间、沐浴专用的沐浴凳、老人专用的蹲便器及扶手等，自己的房子花钱也可以改造这些设施设备。

二、跟子女同住的优劣势分析

跟子女一起住，是好事情，享受天伦之乐的同时，孙子们还小的时候，还能帮助子女看家，但是，孙子们逐步成年以后，以下几个方面需要考虑：

1. **日常饮食是否能匹配？**年轻人喜欢吃有味道的、硬一点的重口味的食物，老人要吃得软一点、清淡一点，这样才有助于咀嚼和消化，每餐饭菜的搭配，这个问题也需要注意。

2. **作息时间的不同**：老人睡眠质量不太好，早睡、早起；年轻人干事业，晚上很晚才回家，这个问题对你们是否有影响？

3. **心灵陪伴**：年轻人白天忙于事业，每天都有各种应酬，孩子们在外受气、委屈以后，是否会把这种情绪传递给老人？老人独自在家，比较孤单，但需要有人说话、聊天，所以，寂寞、孤独与孩子的不理解，这种矛盾也是伤害。

4. **情绪影响**：双方的生活习惯、饮食习惯、话题点、思维方式等都有差异，如果每天同吃同住在一起，会不会双方有情绪上的影响，这个要相互体谅。

5. 当然，家中有一老，如有一宝，年轻人一定要懂得珍惜老人，好好照护老人。

6. **归属感**：跟子女住，子女孝顺，归属感还是有的。

7. **养老设施、设备**：卫生间、沐浴专用的沐浴凳、老人专用蹲便器及扶手等，即使是孩子的房子，也可以花钱进行改造。但是这样的改变是否会影响到孩子们自己的使用？

三、社区（会）里养老院的优劣势分析

1. 有人照护，但是，照护质量不一定能保证。尤其是对于没有子女做后盾的孤单老人，社会养老院能否照顾好？

2. 有饮食，但是饮食质量、营养均衡度，有待考证。

3. 有日常护理，但是护理的品质，有待考证。

4. 心灵陪伴：老人多，可以相互交流沟通，这点是加分项。

5. 情绪影响：如果入住养老院的品质高，里面的老人和护理人员都是素质高的人，那对你整体的生活状态和精神状态，都有帮助。但是，入住的是低层次的、素质很低的人群，是否会影响您每天的入住心情，这个很重要。

6. 归属感：没有归属感。

7. 养老设施、设备：卫生间、沐浴专用的沐浴凳、老人专用蹲便器及扶手，这些还是有的。

8. 整体环境和舒适度：不同社区养老院的整体环境和舒适度不一样，在未来超级老龄社会来临时，可能会有养老一床难求，养老资源越来越紧张的问题。

四、商业性质：国际康复理疗一体化——养老社区，优劣势分析

国际康复理疗社区，一般针对中高端客户开放，对传染病、人员素质、资金等，有入住要求及条件，其整体服务还是非常好的，所以，建议这个年龄段的您开始重点考虑，给自己舒适的、幸福的、有尊严的养老生活多一个选择，多一个准备，辛劳辛苦一生的您也是值得的。

康复理疗—康复养老专业社区，通常是几千户居民，少则有几千名老人，多则上万名老人，他们都是55岁以上的老人，大家住在一起，其饮食习惯、兴趣爱好、日常作息、生活设施、设备、

紧急救护、康复理疗都能集中供应和照护，建议您一定要多去参观参观，我就我们客户对此类养老专业社区的反馈的优劣势，集中阐述一下：

1. **日常饮食**：一日5餐供应，正餐3次，增加供应早茶、下午点心，符合老人早起，下午交友聚会的作息，也符合其少吃多餐的健康饮食标准。正餐是批量集中供餐的，所以，每餐都有几十个品种，营养搭配非常均匀，各种口味、软糯合适，都是给老人准备的，有助于老人的营养平衡、延缓衰老。

2. **照护**：每个房间都有红外线感应、紧急救护拉绳、紧急报警，一旦老人出现紧急情况，小区的救护医生会在几分钟内就赶到，他们能够紧急处理突发意外，老人的生命更有保障。

3. 入住的老人都是有一定入住要求的，他们的素质、品质、兴趣、爱好，都属于社会中上层起步，能更好融入不同的团体。

4. **兴趣爱好**：这类颇有入住规模的专业养老社区，都会配备老年大学，里面会开设十几个课程，如文化书法类、乐器类、有氧运动类、轻运动类、艺术类、国学、影视类等学习课程，您可以根据您的兴趣爱好报班，每天跟着学、跟着玩，还有专业的老师带着您。每天的时间给您安排得满满的，生活非常有规律。

5. **心灵陪伴**：老年人最大的杀手就是孤独，但在这里，您是绝对感受不到孤独的，因为，和您差不多年龄的老人太多了，大家可以无话不说，无话不谈，各种性格的人在这里都能找到自己的伙伴，没有孤独，心情好了，身体自然舒心，健康长寿。

6. **归属感**：这里的房间都是会员制，您拥有他们的会员资格，房间在您有生之年都是属于您的，如果会员资格是您孩子的，那么这套房子还可以给您和孩子两代人养老，所以，归属感和自己的房子是一样的。

7. **养老设施设备**：大多房间的地板是防撞地板，即使是摔伤，受重创的概率较低；洗浴室有专用的洗浴凳、卫生间里装有专用的马桶及扶手，走廊也装有老人专用的扶手，下行通道是无障碍通道，每栋楼下面配备有医疗保健室，早晚都有监护。

8. **康复中心**：这类专业集中的康复养老小区，都会配备专业的康复中心。对日常的肌肉萎缩、慢性病等问题，每天都会安排专业的康复训练和调理，有助于老人预防和治疗慢性病，延缓我们身体机能的老化。

9. **果蔬菜园**：这类小区一般都会开辟果蔬菜园，给喜欢亲近自然、愿意体验农耕文化的老人，一片活动的新天地，您可以自己参与种植果蔬，劳逸结合，体验自然之美。

10. **活动中心**：这类小区，一般会有专门的老人游泳池、老人美容美发中心，还有其他多种多样的俱乐部，您都可以根据自己的兴趣爱好选择参加。

11. **家属团聚日**：房间里都配备了加床服务，如果孩子们来看您，需要短期入住的话，可以加床。如果当日亲朋好友来的人数比较多,那就只能住旁边的公寓式酒店,这需要额外支付费用。

12. 整体都很好,就有两个缺点:第一,未来老人越来越多,这类资源越来越紧张,所以,我建议您早做准备;第二,确实要多花些钱,所以,您要多储备点钱养老,而且这个钱要专属于您自己,保证您活一辈子,领取一辈子,这个是基本要求,具体要花多少钱,给您一个最低数字的建议,请回看第八章第四节"深刻认知65岁后,我拿什么养活自己"。

当然,多准备点专属养老金,总是好事情。

第十章　中、晚期养老规划

> 老，是每一个人，都不愿意去面对的问题，但是，老是一定的，又是我们每一个人，都不能回避的问题。
>
> 只有正确认识到养老所需要面对的问题与挑战，然后积极地去面对，做好相应的措施和准备，我们才能从容淡定地度过。
>
> 提前做好规划，我们才更有尊严地，享受幸福老年生活！

养老需要考虑的问题如下：

1. 关注饮食结构，防止出现营养不良；

2. 关注突发意外摔伤，导致二次感染；

3. 实时监护心脏、大脑、血压、血脂等健康，防止突发意外；

4. 慢性病、关节病、肌肉恢复训练，要规律运动，要坚持锻炼；

5. 心灵陪伴，如有心灵孤单、心理疾病的老人，要及时疏导，多找一些老伙伴陪伴；

6. 娱乐体系：老年大学、老年社交群体，学习新技能，交互价值，增加自己的社会价值。

第一节　建议入住高品质的养老社区

本书探讨的是跨越中产，如果您之前按照我们的资产配置与规划，相信您已经跨越中产,为自己储备好了足够的养老资金,那么,您与配偶,是应该好好地享受一下生活,让养老更有尊严了。

高品质养老社区,通常分为三个区域:健康活力区域,半失能、失智区域,全失能、失智区域。

这三个区域,根据入住老人的身体健康状况、个人需求,与园区商量,老人都可以根据实际情况入住。

一、健康活力区介绍

健康活力区:主要为55岁以上的老人,且无传染病、能独立照顾自己,或者有配偶协助照顾自己的老人开放,这个区域的收费是最便宜的,每个城市、每个小区价格都不同,您可以提前关注。

如果您喜欢私密性强一点,您需要选择一套独立的房子,单间配套、一室一厅、二室一厅、三室一厅,您都可以选择租赁;如果您想节约钱,也可以选择合居,选择面还是比较广。

入住商业康复理疗养老社区的优势,请回看之前的详细描述。

二、半失能、失智养老区域介绍

80—90多岁以后,我们可能面临的问题就是半失能、失智,这时,我们更多地需要介入护理,需要请护工协助我们的生活,尤其是两个老人,一个人行动不便,必然需要另一个人全面的照顾,但是,两个人身体都比较糟糕的时候,那就一定要请护工来照顾,不过,请护工时,需要注意几个问题:

1. 请的护工责任心强不强,会不会虐待老人,这个很重要。

2. 护工的专业水平怎么样？能否关注到老人的舒适度问题？

3. 专业器械：老人时刻需要挪动身体，有没有提供专业移动身体的器械或辅助交通工具，这些都非常重要，比如辅助起身上厕所的、辅助洗澡的、辅助行动的等等，都需要考虑。

最佳解决方案：建议入住专业的高端的，康复医养结合一体的养老社区，他们一般都有针对半失能、半失智老人的专业设备设施。您可以入住辅助生活区，这个区域就配备了专门的护士，有一对一、一对二，或一对多的照护选择。根据您的资金和实际需求来进行匹配，这里是专业照护机构，全天 24 小时照顾。您的子女，还可以通过摄像头，实时远程关爱您，监督照护者的工作。

三、全失能、失智区域介绍

俗话说："父母，是为我们挡在死亡面前的一堵墙！"父母在，不远行，好好地陪伴在父母身边！

一般在生命的最后阶段，老人更需要全身心的呵护，作为子女的我们不能留下遗憾，父母为我们拼搏一生，这一生他（她）为我们燃烧殆尽，奉献了一切，我们所能做的就是默默地陪伴在老人家的身边，陪他们说说话、翻翻以前的老照片、讲讲故事，珍惜当下的时光！

这时候，如果您的孩子也已经 70—80 岁了，也许他（她）也行动不便了，那我更希望您们都能住进康复理疗一体化养老社区，只是，您们可能住的区域不一样，孩子们可能住在健康活力区，您们可能住在全失能、失智区，但是，大家依然能每天见面，说说心里话，相互关心一下、抚摸一下，都挺好的。

全失能、失智区的设施设备的配置更加高端、智能化，这里有更加专业的医护人员对居住者进行全面的照料，让他们能够在生命最后一刻，感受到作为人的尊严……

如果，能住在这样专业周全、人性化、细心耐心的康养一体化社区里，我们也就没有独居养老的烦恼了；也不需要子女在忙于事业的同时，还要分心来每天照顾我们，对子女来讲，他们也能专注自己的事业，照顾他们自己的小家庭。这些烦恼都没有了，我们就能安心享受快乐的养老生活了！

第二节　优质养老资源的提前锁定

现阶段的老人们，很多都是勤俭节约的，他们受过很多苦难，而且子女较多，大多数采用居家养老或跟着几个子女轮流住的养老形式，他们舍不得花钱入住比较高端的康复医养一体化社区，这是因为他们的意识形态还没来得及转变，但是，随着时间的推移，养老压力会越来越大，子女们竞争压力也越来越大，这个养老矛盾早晚会爆发。

您，如果有幸看见我的建议，请您一定要未雨绸缪，在您力所能及的范围内，提前为自己思考养老问题，尤其是养老的居所问题。人无远虑、必有近忧！

有适合您的居所，一定要想办法提前锁定！

注意！注意！注意！

现在关于养老房、养老社区的商业活动多种多样，请您一定要仔细甄别，一定要让您的孩子们一起帮您参考，不要上当受骗！

建议：最好选择品牌实力强大的全国性大型企业；当然，能够选择央企、国家投资修建的专业康复理疗一体化的社区更好、更安全！

第三节　持续的资金准备

养老的风险，到底有哪些？我在第四章第五节"养老风险"中做了详细讲述，请回看。

在这里，我只能多温馨地提醒您几句：

您对未来养老资金的准备是否充足？

未来百岁人生，养老花销是持续的、递增的、伴随终身的、与生命等长的；

您选择的养老资金工具，只能是您自己专属所有的，不能与配偶混合使用，每人一个账户。

中产、中高净值的客户，我建议您补充专属商业养老保险，注意，被保险人只能是您自己，生存金属于被保险人领取终身；投保人如果是孩子，那么就要选择开始领取养老金以后，现金价值为 0 的养老保险产品，这样更能做到专属于您（不被任何原因退保、挪用），并伴随终身所有了。

身故收益人，可以选择孩子，等自己身故了，剩余的资产可以留给子孙所有，所以，建议您，给自己的专属商业养老保险，尽量将金额做大,确保您在生的时候,能更好地掌控,增加子孙的孝顺,家庭更加和睦!

高净值客户,建议您设立家族信托、保险金信托,并在协议中明确规定,固化专属于您及其配偶的养老金领取的金额、递增方式,及其支付细则即可。

第四节　美好一生

提前做好自己的养老规划,意义重大,也是人生最重要的一战,这一战成功,则圆满一生!

当有一天,我们突发意外,生活不能自理;

当有一天,我们记忆逐渐模糊;

当有一天我们突发脑梗、心梗,半失能、全失能的时候;

当有一天,我们需要长期卧病在床的时候……

放心,这些都没有关系,首先,您在年轻的时候,已经做好准备:

从家规、家训、家风的传承,我们保证了子孙的品性及思维方式正确,确保子孙人才辈出……

从规划、制度、资产配置的工具选择,我们解决了资金、资产传承的问题,给子孙更高的起点……

从养老系统性规划,完善了自己及配偶善终,最后圆满人生……

无论遇到任何风险,您都能像其他优秀的家族一样,薪火相传、家族世代兴旺……

结束语

亲爱的朋友：

赚钱的方法其实很多，大家在各自的领域都是专家，我们很难给每一位朋友在您具体的领域，给出具体的方法，但是，看完本书，我相信，您已经发现，原来影响我们跨越中产的问题不光是财富本身，还涉及生活的方方面面，而且，大多还是具有共性的问题。

比如：财富观、持续增加本金、控制风险——增加财富、正确配置家庭资产、人生各阶段重点关注与应对措施……而这些是我们与家人一起努力，就可以实现的。做好这些以后，我们更能集中精神研究自己的专业领域，更能稳步地实现跨越中产。

利用合法手段赚取更多的钱，在提高家人生活品质的同时，实现家人物质和精神的双丰收，让自己安享晚年，实现家族永续兴旺与传承，这才是跨越中产的核心目的。我们相信，本书可以给您很好的答案！

今天我们写完最后一个章节，遥望窗外，正好出太阳了，心中充满无限美好。凝视远方，仿佛看见了您奋斗的一生、波澜壮阔的一生、辉煌的一生、幸福的一生……

不管您身在何处，在未来的岁月里，我们彼此遥望相祝、一起慢慢变老、享受人生……

如果您看了本书，对您的生活、人生有所收获、触动、感悟的话，请您把这本书分享给您身边的朋友，"爱出者爱返，福往者福来"，我们一起传播真、善、美，成就更多幸福美满的人生。

如果您通过践行这本书的方法，实现了幸福人生，那么请写信告诉我们吧，我们也会为您的成就感到高兴。

也许未来的某一天，我们也会在我们的书中写下您成功的故事。

也说不定我们会在某一个时刻、某地相遇，这样的概率也是很大的，也许我们会成为一生的朋友……

所以，我们期待您的来信，让我们一起交流、探讨，助您成就更幸福的人生！

王 强　刘 玲

2022年3月23日17∶00